爆品法则

企业打造爆品的底层逻辑与工具

尹杰◎著

LAWS OF HOT PRODUCT

中国经济出版社
CHINA ECONOMIC PUBLISHING HOUSE
北京

图书在版编目（CIP）数据

爆品法则：企业打造爆品的底层逻辑与工具／尹杰著．--北京：中国经济出版社，2022.5

ISBN 978-7-5136-6899-6

Ⅰ．①爆… Ⅱ．①尹… Ⅲ．①产品营销 Ⅳ．①F713.50

中国版本图书馆 CIP 数据核字（2022）第 068276 号

策划编辑 牛慧珍
责任编辑 贾轶杰
责任印制 马小宾
封面设计 久品轩

出版发行 中国经济出版社
印 刷 者 北京富泰印刷有限责任公司
经 销 者 各地新华书店
开　　本 710mm×1000mm 1/16
印　　张 15
字　　数 201 千字
版　　次 2022 年 5 月第 1 版
印　　次 2022 年 5 月第 1 次
定　　价 68.00 元
广告经营许可证 京西工商广字第 8179 号

中国经济出版社 **网址** www.economyph.com **社址** 北京市东城区安定门外大街 58 号 **邮编** 100011
本版图书如存在印装质量问题，请与本社销售中心联系调换（联系电话：010-57512564）

序言
preface

为什么企业赚钱越来越难?

我做管理咨询过程中经常会被企业家朋友们问到一个问题：为什么现在企业赚钱越来越难？每次我都会反向问他们：你们做企业那么多年是否思考过这个问题？

其实现在赚钱难的因素不单单是市场环境发生了变化，更重要的是供求结构发生了变化。过去是产品稀缺时代，中国有14亿人的人口红利，市场存量空间很大，只要有产品就能卖掉。随着改革开放40多年来中国经济快速发展，各个产业均出现不同程度的产能过剩，人口红利慢慢消失，流量变得越来越贵，企业经营就慢慢陷入存量竞争时代，存量竞争死局表现为价格战、促销战、赊销战，以及无底线的服务战。

价格战

很多企业已经成了价格屠夫，动不动就打价格战，好像除了价格战就没有别的营销策略。价格战最终把企业送上一条不归路；依赖价格战的结果就是缠死对手、坑死客户、亏死自己。从现实来看，价格战并不能帮助企业走出困境。产品不好卖，不一定要降价，而好的选择是“升级”。升级是指产品升级，把产品品质做得更好，提升档次，然后把价格拉高。提高价格，企业才有足够的利润支撑做出更好的产品，提供更优质的服务。未来进入消费升级时代，产品升级是大趋势。只有产品价值升级，才有可能提高价格。

促销战

当下市场竞争越来越激烈，很多企业养成了促销依赖症，动不动就做促销，让顾客养成了等促销的购买习惯，最后结果就是不促不销。有些做零售的企业每月都有一个固定的促销日，摆明了告诉顾客，平时不要过来买东西，就等促销日那天来买，所以平时店里几乎没人，促销那天人就爆满。促销结束一盘点，赚的利润九牛一毛，基本等于白忙活。

赊销战

我在咨询中发现很多企业做生意就靠赊销来拉拢客户，最后忙活一年赚了一堆欠条，尤其农资行业基本都是靠赊销做生意，等老百姓卖了农产品才给钱，其实赊销是企业不自信的表现。当大家都在为赊销头痛时，你看看格力、茅台的财务报表，账面上有大量的应付账款。这就是茅台、格力等一些大企业做生意的底气。我给美的做市场调研时发现，家电行业竞争非常激烈，行业集中度也非常高，但是家电的老大不仅没有赊销，还要先收预付款。

服务战

有些企业服务意识高过了头，陷入服务成瘾的怪圈，甚至无底线地提供服务，还打着冠冕堂皇的口号：让客户100%的满意。服务成瘾只能说明一个问题，自己产品不行，想通过服务来弥补产品缺陷。就像当年国内某著名家电企业提出五星级服务，因为那个时候自己的技术不行，只能靠服务来补偿客户，现在技术过硬了、产品质量提高了，企业口号就改成了科技创新。我不是反对企业做服务，我是要提醒企业家要转变思维，把服务当作提升附加值的工具，而不是产品补丁，这个是有本质区别的。

要想摆脱企业经营的死循环，提升盈利能力，避开价格战、促销战、赊销战的路径，就要走爆品这条路。无论商业文明如何发展，产品都是企业经营的基础。产品不做好，一切都是空谈。就像我经常对企业家说的，产品不对，营销白费，营销是产品变现的放大器。产品不行，营销模式就立不住，反而营销模式效率越高，越会无限放大产品缺陷，给企业带来的潜在风险越大。以爆品为杠杆来撬动营销价值链，才是营销的王道。

为什么要做爆品？

在国内很多企业做不出爆品，有时候不是因为缺乏做爆品的能力，而是没有爆品意识。在传统的经营思维中，企业总在追求多多益善，追求产品大而全，销售做不好加产品，产品卖不好加功能，陷入做加法的怪圈。过去的产品经营思路就是：产品越多，终端陈列越丰富，顾客可见度越高。所以很多企业主没有做爆品的意识，没有看到做爆品的价值。现在商业进入万物互联大时代、一切实时在线化的时代，时代变了，商业打法也要跟着变。就拿微软来说吧，早期其是做操作系统起家的，就靠一个操作系统造就了微软帝国。据说在一次世界电脑大会上，微软的创始人比尔·盖茨站在台上问台下的人：在座的大家有没有不用我们微软的软件的？结果下面鸦雀无声，其实这种沉默就代表大家默认了一个事实——没有人不用微软软件。微软创始人比尔·盖茨默默地笑了。世界上第一个视窗系统是微软做出来的，所以人家有这个骄傲的资本。操作系统就是微软的爆品，支撑微软持续走向成功。

近两年国内手机老被西方国家“卡脖子”，动不动就停供芯片，因为他们认为短时间内中国人造不出世界领先的芯片，所以他们才有这个底气。尤其在2G、3G时代，美国高通发明了CDMA技术，全世界的手机企业都要用到这个技术。据说当年高通总部大楼上立着一块广告牌：世界上每一部手机都有我们的发明！全世界用到CDMA技术的企业，每卖一部手机都要给高通2%~5%的专利税，行业俗称“高通税”，高通用CDMA技术剪全世界的羊毛。人家有牛气的产品，才有这个底气

“吹牛”。

北大教授陈春花曾提出一个研究命题：究竟是什么原因让中国企业无法成为产业链的布局者和主导者，只能在竞争中苦苦挣扎？根据她的研究结果，找到了一个核心要素，这个要素就是好产品。陈春花教授提到的好产品就是我们今天所说的爆品。任何不以好产品为基础的营销都是无法持久的。所以做爆品是企业在竞争中胜出的基本前提，是企业持续发展的保障。

行业内曾有一句行话：一个产品成就了一个产业，一个产业强大了一个民族。爱迪生发明电灯，照亮了全世界。爱迪生创立了一个叫GE的公司，曾一度成为世界上市值最高的公司之一，市值最高时达4000亿美元。摩尔发现摩尔定律，成就了世界上最大的芯片公司英特尔。德国的卡尔·本茨发明了内燃机，大家都知道一家叫奔驰的公司，内燃机的发明也成就了德国汽车工业。瑞士的银行和钟表产业是瑞士的一张名片。瑞典利乐公司开创了一个包装品类，就是我们熟知的利乐包，其要求所有合作伙伴用他们的包装需要印利乐LOGO。这就是爆品的价值所在。

根据我多年的管理咨询经验，我发现企业拥有爆品，会衍生出很多竞争优势：爆品会让企业拥有定价权，而且提价不会丢失顾客；爆品有成本优势，企业可利用规模优势摊薄固定成本，从而获得规模成本优势；爆品有利于提升品牌影响力，爆品往往是品牌的载体，有利于打造品牌，提升企业的行业地位；爆品有利于掌控渠道，利用爆品的优势可以有效掌控销售渠道和整合产业链上下游资源；爆品更有利于提升企业获利能力，最大化贡献企业利润；爆品促进营销模式升级，研究发现很多企业早期都是基于一个爆品的成功运作，最后沉淀出营销模式。

你看看大师怎么说？通用电气前CEO杰克·韦尔奇曾说：不管过去还是将来，在营销中最重要、最基本的都是一款可以改善人们生活的好产品。1997年乔布斯重返苹果公司时，第一次开会他强调：当产品人不再是推动公司前进的人，而由营销人推动公司前进时，这种情况是最危险的。现在很多企业搞反了，随意搞个不伦不类的产品，扔给销售部门去卖，卖不掉就说销售部门无能。如果销量上不去，首先要反思产品。产品是为销售部门赋能的工具，在战场上人再能干也需要一把好枪，显然拿红缨枪的干不过拿机关枪的。

一款明星产品能够推动企业战略升级、驱动企业持续盈利，甚至推动产业升级。但是很多企业苦于缺乏科学、系统的爆品打造方法，导致企业新品失败率居高不下，尤其是中小企业做产品更是老板拍脑袋、研发拍胸脯、销售拍屁股的模式。我在近20年的企业实践和管理咨询中接触过各类大中型企业也曾因缺乏爆品而陷入经营困局，失去业绩增长的动力。

根据企业面临的实际困境，我总结了十多年的产品管理经验和产品领域的理论研究，历经五年的深度思考，写出了这本书。

本书内容涵盖了道、法、术、器。既要保证有原创理论高度，又要做到策略方法能够落地有声，从爆品的创造理念、用户痛点与需求洞察、整体产品设计与爆品创新、爆品营销等几个方面阐述爆品的经营模式。

书中涉及的很多原创理论都是源自我的工作总结，经过实践检验，证明有效。书中涉及的很多案例也是我亲自参与过的项目，能够保证案例剖析有血有肉，让读者从案例中获得启发。

尹　杰

目 录
contents

第一章

爆品理念

扫码购买本书配套课程

第一节 爆品思维

我在实践中发现企业做不出爆品，往往是由两个因素导致的：一是缺乏爆品意识；二是缺乏科学方法。当我们需要解决某个问题的时候，首先要意识到这个问题的存在。企业家们在思想上先意识到这个问题，在行为上才会有结果，思想是行为的导向。做爆品还有一个非常重要的认知就是：爆品开发不只是老板的事，人人都是爆品师。

1. 打造爆品需要一套科学方法

过去很多企业开发新产品，缺乏一套科学的方法，尤其民营企业这种情况非常普遍，导致爆品失败率非常高。

我过去曾做过一个咨询案例：有一次老板在吃饭的时候突然有个想法，觉得这个创意挺好，他马上打电话问研发人员这个创意能不能做出来。研发人员听到老板提出的想法，没有过多思考就拍着胸脯说：老板放心，这个没问题。他领了老板的任务，自己闭门造车做出来一个不伦不类的产品，甩给销售部。销售人员没有选择权，只能凑合着想方设法把产品卖出去，因为是老板的创意。最后产品卖不出去，销售人员的奖金拿不到，只能拍屁股走人。

这就是具有中国特色的做产品创新的模式：老板拍脑袋，研发拍胸口，销售拍屁股的模式。其实爆品打造背后是有一套逻辑和科学方法的，这就是我所倡导的爆品打造方法论，这套理论并不高深，是人人学得会、人人用得上的一套体系。

2. 爆品不只是老板的事，人人都是爆品师

我在做咨询的时候经常有人跟我说：现在产品经理压力好大，做不出爆品说我们产品经理无能，爆品失败也是产品经理来背黑锅。现在反过来问，开发产品是谁的事？

过去我曾做过一个专题调研，发现一个很奇怪的现象，中国民营企业85%的产品经理都是由老板兼任，新品立项、新品开发都是老板牵头落实，缺乏产品经理管理机制。老板操着产品经理的心，整天忙着产品经理的事，最后的结果是老板天天忙得饭吃不香、觉睡不好、酒喝不下，员工们每天日子过得像神仙，产品失败也是老板承担责任。正确的爆品开发机制是研产供销人人参与，人人都是产品经理，尤其一线员工更为重要。

很多企业的爆品创意往往源自一线员工，而不是源自老板或高层。因为一线员工最贴近产品体验，最接近一线用户，最先听到客户的声音。老板离客户太远了，要管很多战略层面的事情，不可能天天与客户打交道。有时候老板征求客户意见，客户也不愿意讲实话，在老板面前都是“报喜不报忧”，转身就是不买你家产品。一线员工才是他们的好兄弟，一起扛枪、一起下乡，兄弟之间才会讲实话。

我们最为熟知的微信，用户超过12.6亿人，日活过亿。其实微信刚推出来时，支付流量少得可怜，一直找不到支付流量入口，后来一个抢红包功能把支付入口打通了。大家知道抢红包功能是谁想到的吗？不是张小龙，也不是老板马化腾，而是一个普通的程序员想出来的。程序员在过年的时候为发红包犯愁，发多了没钱，发少了没面子，如何做到

既要钱，又不丢面子呢？最后他就搞出来一个电子红包，先在办公室内部玩抢红包游戏，大家觉得很好玩，后来被植入微信应用中。

大家如果去过宜家家居，一定对他们的自由组装家具有深刻印象。自由组装模式是宜家家居的产品战略，通过自由组装让用户参与进来，感受宜家家居的创新性。大家知道宜家家居的自由组装策略是谁想出来的吗？其实是宜家的一个送货工人想到的。

有一次宜家的送货工人给客户送一张桌子，他发现桌子腿太长了，想了各种办法都装不进集装箱，实在没办法他就把那个桌子腿拆下来，等送到客户家里再帮他装上。这个简单的举动让他深受启发，他发现这种可拆卸的方法至少运输很方便，回来就把这个想法反馈给公司，最后这种自由组装的家具就确定为宜家家居的产品战略。

我在担任产品经理期间也经常遇到难以解决的问题，其实对一线员工来说就是常识，这就是隔行如隔山的道理。有一年春节，公司做春节促销装，为了固定促销装，我和总经理想了三个月，尝试各种加固的办法都没有达到理想的状态，我实在没办法就跑去车间，看它的生产原理。当我蹲在车间观察的时候，一个打包工人走过来问我，我就把我的苦恼说给他听了，他听完就给我提出一条建议：可以改变一下产品内部摆放方式。他怕我不明白，还亲自动手做了一个示范样品。这个样品做好后，在车间现场做破坏性试验，这个简单的改进竟然完美地解决了我的苦恼。

这件事也给了我很大的启发：换个思维方式就是出口，每个人在他熟悉的领域其实都是专家。我在企业做管理的时候，一直提倡人人都是产品经理，提倡一线员工的重要性，从生产工人到一线销售人员，他们的意见才是真正的产品原点。华为提倡的“让听得见炮声的人指挥战斗”也是这个道理。

3. 打造爆品需要工匠精神

做产品要有追求极致的工匠精神，把产品打造到“极致”境界。很多人做产品往往做到70分就认为够完美了，再对自己要求高一点，做到80分就认为超级完美了，其实这都是缺乏追求极致的心态。日本的寿司之神——小野二郎一生只做一件事，就是把寿司捏好。很多总统、政要到日本，都会到小野二郎的寿司店里体验一下他的手艺。有这么好的产品，他却只做两家店，一家是他儿子管，另一家是他自己管。他担心门店开多了照顾不过来，产品品质不好管控，这就是工匠精神。老板并没有因为生意好，就马上想到如何开连锁快速扩大规模，如何上市融更多的钱，这是我们需要反思的地方。

第二节 认识爆品

1. 什么是爆品

爆品就是销量处于行业领先地位，对企业发展和产业升级具有战略意义的产品。在互联网行业我也曾给出一个概念：具有引流作用，且销售规模比较大的产品，被称为互联网爆品。爆品也可以理解为大单品，产品要少而精不是多而庸。做产品就像养孩子，不是追求多子多福，而是优生优育。

苹果手机把传统通话手机带入智能时代；福特T型桥车把交通工具从马车时代带入汽车时代；青霉素的发明让医生告别用消毒水消毒的时代。据说第一次世界大战期间，很多美国大兵不是战死沙场，而是受伤后没做好消毒工作，导致伤口感染而死。后来弗莱明发现了青霉素，就解决了外伤感染问题。

2. 爆品两大基因

世间任何事物都有内在的发展规律和自身特征，产品也不例外。根据多年的实践总结，我发现成功的产品基本都具备两大特征：先天优势和厚积薄发。

（1）先天优势

不是所有产品都能培养成爆品，要想成为爆品，首先要具备成功的基因。爆品的成功基因具体表现在三个方面：一是产品功能要好用，即有使用价值，能够帮助用户解决实际问题或消除某一方面的痛点。二是产品体验要好玩，即能够给用户带来不一般的交互体验，也可理解为娱乐价值。三是产品具有不可替代或不可模仿的价值，即稀缺价值。这三点构成了产品先天成功基因。

（2）厚积薄发

产品上市后，需要一个培育过程，不能操之过急，爆品也有它自身的生命周期规律。从知名度（让顾客先知道），再到美誉度（人见人爱）、忠诚度，都是需要经历的阶段。节奏踩得准，时间可以适当缩短。最终能够与顾客产生共情、心智共鸣，获得顾客的认同。互联网模式和传统模式的做法可能会有一些区别。传统的打法，按照知名度—美誉度—忠诚度这个逻辑来操作。过去做产品的套路是：上来先打央视广告，提升产品知名度；然后再进行线下铺货；产品性价比高，顾客慢慢有忠诚度。互联网的打法是反过来的，先做顾客忠诚度，做顾客口碑，有了口碑美誉度效应，自然就有了产品知名度。所以互联网时代产品不行的时候，一定不要投广告，知道的人越多，产品死得越快。

爆品基因的好坏往往通过三个特征来判断：高颜值、高品质、好故事。互联网时代也是颜值时代，年轻人购物习惯第一眼先看颜值是否符合自己的审美，如果颜值不够，品质再好也入不了顾客的法眼。当然，光有颜值也是不够的，还要考虑品质，确保它的使用价值。好故事就是能够增加互动话题，提升讨论的热度，提升产品的附加值。故事也代表一种文化，满足一种心理需求。就像古董本身可能不具备太高的使用价值，但是顾客买的就是它背后的故事。江小白的酒走年轻人的青春文化路线；李渡酒也是做白酒，走的是历史文化路线，突出元代窖池。其实这些都是故事因素。

3. 爆品成功条件

（1）具有海量需求

只有海量需求才能做大市场规模，有足够大的市场规模才能培育出大爆品。泥水沟里永远养不出鲨鱼来。企业可以通过群体广泛度和消费频度来判断该产品是否具备海量需求。

（2）具备带量引流的功能

爆品能够快速引爆销量，为其他产品带来流量。在产品组合中，爆品起到火车头的作用。

（3）产品生命周期足够长

产品上市昙花一现，很快就归于寂静了，肯定成为不了爆品。根据实践，爆品一般能够畅销 10 年以上。

（4）对企业发展和产业升级具有战略意义

爆品能够促进企业持续发展和推动产业升级，其本来就是带着这种使命感诞生的，而不是为了短期投机。

上述四个条件是将一个产品做成爆品的基本前提。如果做出的产品不符合以上四点，企业开发产品就是在“烧钱”而已。

4. 爆品类型

每个企业自身的资源、能力不一样，开发产品要结合自身条件，找到适合自己的路径或模式。根据企业的不同资源，我把爆品归纳为两种类型：一种是区域性爆品，另一种是行业性爆品。

（1）区域性爆品

区域性爆品是指企业围绕自己具有竞争优势的某一特定区域开发爆品，最终在某一区域取得市场领先地位。区域性爆品更适用于资源有限的企业，吃不下全国市场，更适合做区域大单品。这对中小企业来说是一种不错的选择。

（2）行业性爆品

行业性爆品是指根据企业自身优势围绕某一特定行业开发爆品，最终在某个行业取得领先地位。行业性爆品更适用于资本雄厚的企业，它们本身就在运作全国市场，更合作开发行业性爆品。

总之，不管去追求区域老大，还是行业第一，开发产品都必须冲着第一去努力。如果没有争第一的心，一定不会有当第一的命。

区域性爆品和行业性爆品既有统一性，又有区别度。区域性爆品不一定是行业性爆品，因为有些企业资源具有区位优势，随着市场范围的扩大，它的竞争优势在逐步衰减，放到整个行业中，在全国市场环境下就不一定具备竞争优势。但是行业性爆品也不一定在所有的区域市场都具有领先地位，只能说在大部分市场具有领先地位，因为有些区域也存在地方性的优秀企业。具体是采取区域性爆品策略还是采用行业性爆品策略，根据行业特征和企业资源能力而定。如果企业资源有限，原则上是采取区域性爆品策略，培育利基市场，然后逐步向外发展，最后从区域性爆品发展为行业性爆品，这个路径更容易成功。迈克尔·波特在《竞争战略》中提到，公司所在地的环境是其获得竞争优势的来源，现代企业尽管布局全国市场，但是竞争往往围绕一个或两个核心区域展开。

5. 认知爆品的两大误区

（1）爆品的第一大误区：爆品=独苗产品

很多人都认为爆品就是单品，其实爆品是一个矩阵，或者说是一个爆品系列。根据功能来划分，可分为一级流量爆品、二级利润爆品、三级种子爆品，不同的爆品所具有的战略意义是不同的。我把它称为爆品落地三级矩阵，见图 1–1。

图 1–1　爆品落地三级矩阵

◆ 一级流量爆品

一个企业在起步阶段，往往在资源和能力有限的情况下，先把资源聚焦在单品上，开发一个高流量产品，进行单品引爆，利用高流量产品带量引流，沉淀客户、渠道、品牌，锻炼队伍，实现单品突破。一级流量产品聚焦点是大众的一级痛点，围绕一级痛点挖掘高频刚需点，然后把这个高频刚需点转化成产品。

◆ 二级利润爆品

通过一级流量爆品获得大量用户和渠道客户后，围绕高质量客户的细分需求，开发二级利润爆品，即开发第二增长曲线的细分利润爆品。开发二级利润爆品的一般操作方式：首先对存量客户进行筛选，从中挖掘出高质量用户群，围绕高质量用户群挖掘两个需求点：一是高频的痒点。通过用户一级高频痛点带动二级高频痒点需求。二是低频痛点。深度挖掘客户低频痛点，通过一级高频需求带动低频刚需，让有钱人愿意花钱来解决低频痛点。

◆ 三级种子爆品

在一级爆品和二级爆品积累的势能基础上，筹备第三级种子产品，慢慢培育，以此类推，让产品矩阵滚动起来，最后形成企业爆品群。

我们看伊利集团的爆品矩阵结构。从伊利公开的年报来看，在几百个单品中，真正给伊利贡献销量的其实就是几个爆品。伊利有三个爆品矩阵：百亿爆品矩阵，包括大众化的纯牛奶、高端经典牛奶、安慕希，三个百亿爆品占了伊利 40% 左右的销量；50 亿爆品群，包括优酸乳、QQ 星；10 亿爆品矩阵，包括舒化奶、谷粒多、味可滋等。伊利集团几百个产品中真正贡献销售额和利润的其实就是这几个耳熟能详的爆品，这几个爆品的销售额接近 1000 亿元。

我们再看保洁公司，其也采用爆品矩阵模式。飘柔事业部，代表柔顺；海飞丝事业部，代表去屑；潘婷事业部，主打养发、护发等。研究发现保洁就是采用爆品路线，不追求产品多，而追求产品精悍，每推出一个产品就要能够代表一个品类。

（2）爆品的第二大误区：爆品=全面极致

很多人认为爆品一定是完美产品或全面极致的产品，其实任何产品都做不到让每个点都完美无缺，打磨得全面极致，因为这样的产品成本极高。做爆品只需要把顾客最关注的那个核心价值点做到极致，产生尖叫效应，用一个极致点去击穿整个产品，足以黏住用户，而不是追求产品的全面极致。无关紧要的部分直接借鉴同行成熟的经验，保证守住底线不给产品减分即可。

我曾服务过一家做糕点的企业，他们产品的复购率非常低，我们研究后发现，公司为了追求包装上的极致，把大量的心思花在包装创新上，导致产品的成本很高。新顾客第一眼会被包装吸引，打开包装就发现里面的产品一般，因为精美的包装拉高了顾客的期望值，因此产生极大的心理落差，导致后期复购率下降。其实糕点的核心价值是口感和营养成分，只要把这两点做到极致，自然会产生顾客黏性，包装只是起到商品保护作用。所以我一直强调：不要在看似酷的非关键点上用力过猛，要在核心点上死磕到底。

结合以上内容，企业可以从四个维度做一下爆品的自我诊断。

6. 企业爆品自我诊断

（1）产品数

公司有多少个品类？

每个品类有多少个品项？

（2）销售额

销量排名前三的产品年销售额为多少？

销量排名前三的产品销售占比为多少？

销量排名前三的产品销售增长率为多少？

（3）销售增幅

销售增长率前三的产品是哪几个？

销售增长率前三的产品销售额为多少？

（4）新品贡献率

近三年开发的新品有哪几个？

新品销售额前三的产品是哪几个？

新品增长率前三的产品是哪几个？

第三节 爆品来源

我们开发爆品最大的困惑是找不到爆品来源，因为这个点是开发爆品的入口。就好像做销售找不到流量入口，其他的工作准备再好也派不上用场一样。那么爆品到底从哪里来？根据我 15 年的实战总结出来的规律，爆品无非来自两个方面：一方面是从老产品线中筛选，从沙堆里挑珍珠；另一方面是开发新产品，实现从 0 到 1 的创新。

1. 来源之一：从老产品线中筛选

有些企业产品线非常丰富，有很多不错的产品，甚至有一些非常有竞争力的专利产品，由于领导缺乏爆品意识，产品线管理乱如麻，相当于把沙子和珍珠混合在一起，把珍珠埋没了，我在管理咨询的过程中经常遇到这类企业。

我曾为一家安徽上市企业做过咨询，这家企业就是一个非常典型的代表。这家企业是做农资的，既是大国有企业，又是上市公司。要钱有钱，要人才有人才。我进入企业以后，先访问他们的销售总监，开门见山问了他三个问题。第一个问题：公司现在有多少个产品？他马上告诉我："有 500 多个单品，在整个除草剂行业中我们的产品数量是最多的，没有哪个竞争对手能和我们比拼。"我又问他第二个问题：500 多个产品中销量最大的产品年销售额是多少？我话音刚落，他骄傲的表情马上消失了，用低沉的声音说："这个问题我们感到很惭愧，我们虽然产品数量多，但是销量没有特别突出的，单拿出来没有一个能够与对手抗衡的，销量好的也就500万元左右，差的产品一年销售几万元的都有。”我接着问他第三个问题：公司当下最急于解决的问题是什么？只准讲一个。销售总监马上告诉我：“虽然这是营销咨询项目，但是目前我最头痛的是供应链问题，每个月产品交付率基本不超过65%。”其实第三个问题他不说我都能猜到。500多个单品，生产车间每次更换品种都需要停机、更换包装材料、调试设备等一系列流程，哪怕车间生产一箱产品也需要走完上述流程。对于有些生产量少的产品，调试设备的时间比生产时间还长。其实这不完全是生产部门的事情，这么多产品放到任何企业都会带来生产效率的下降。所以他认为值得骄傲的优势反而是制约产品交付的短板。最后我给他提出两条建议：

第一条：把产品线砍掉30%。根据年销量、产品卖点、产品毛利、未来趋势四个指标综合评价后，把排在后30%的产品线砍掉，产品交付率马上会提高一倍。

第二条：资源聚焦在几个核心产品上，打造明星爆品。在访谈过程中，我们了解到他们公司有好几个专利产品，因为没有刻意培养，所以销量一直不温不火。我提议把市场费用聚焦在两个可以快速打爆的专利产品上。

当时刚好赶上销售旺季，这家企业采用了我的策略后，8个月时间效果明显。时间消耗大且销量低的产品被砍掉以后，生产效率提升240%；两个专利产品过去销量徘徊在500万元左右，进行资源聚焦、重点推广后，在销售旺季销量最大的单品突破2800万元，增长超过600%，所获利润远远超出了被砍掉的30%瘦狗产品。所以从老产品线中筛选爆品是见效最快的方法。在实操过程中，要注意以下几个关键评价指标：销售额、产品毛利率、产品差异化、行业趋势、产品壁垒。根据指标量化的结果，再结合不同的行业特征和企业特点，就能从看似平淡无奇的老产品中筛选出爆品来。

2. 来源之二：开发新产品

如果老产品线里找不出爆品好种子，就只能从0开始做产品创新。新产品最终能不能成为爆品，一定不能听天由命，需要系统地规划和培养。如何验证一个新品能不能培养成爆品呢？有两个判断指标：一是上市三年销售额。一般爆品的销售额是公司其他产品销售额均值的3~5倍。销售均值是一个非常重要的操作点，为了保证数据的合理性，需要先剔除掉两个极端的数据，一个是销量最好的产品，另一个是销量最差的产品，因为这两个数据对均值影响比较大。二是新品连续三年的复合增长率。如果复合增长率超过100%，就可以认为这个新品有爆品潜质。关于新产品开发的具体方法和操作要点在后文会有详细的阐述，本章只是给大家抛出一个爆品来源思路。

第二章

用户痛点与需求洞察

扫码购买本书配套课程

过去我常用的用户痛点洞察有三种方法：定量调研、定性调研、场景洞察法。这三种调研方法应用的场景和解决问题的目的是不同的。接下来，我来针对每一种方法做详细的阐述。

在分析研究方法之前，我先给大家提个醒，学习任何方法，一定先搞清楚方法论的适用范围（是用来解决哪方面问题的）、有效性边界在哪里、存在哪些理论缺陷。一定不能教条化地死记硬背。就像吃药一样，不要脱离剂量谈疗效，这个剂量就是有效性条件。这就是我后面会提到的“学会思考性学习，而不是记忆性学习”。

第一节　用户定量调研实战方法

1. 定量调研的目的与适用条件

定量调研分析一般是以洞察行业趋势、品类发展趋势、用户需求趋势等方向性、趋势性为目的的研究方法，通过大数据看行业发展方向和趋势。既然是研究趋势，就需要数据具有连续性，不连续或非线性问题无法通过定量调研来解决。所以，做定量研究一定要有充足、连续的数据作为基础，否则容易造成调研结果偏差或失真。

2. 定量调研的四个步骤

定量调研方法分为问卷设计、问卷发放、问卷回收、问卷分析四个步骤，如图 2-1 所示。

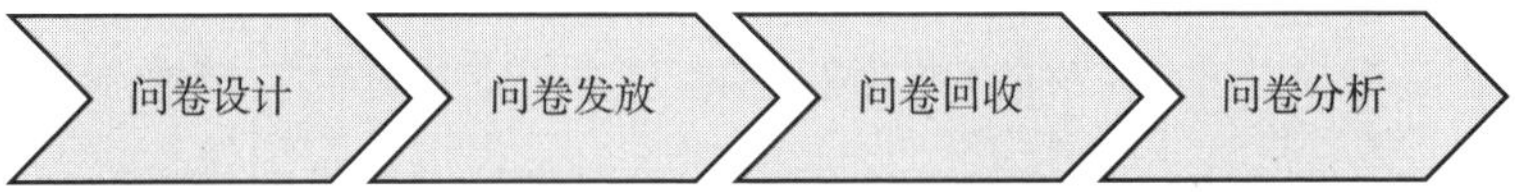

图 2-1　定量调研的四个步骤

(1) 第一步：问卷设计

问卷设计的操作要点如下：

1）一般是借用李克特五级量表法做问卷设计。

目前无论是学术研究，还是常规的市场调研，常用的问卷设计工具就是李克特五级量表。量表分为五个等级：非常好（5 分）、好（4 分）、一般（3 分）、差（2 分）、非常差（1 分）。李克特五级量表最大的好处是，其能够把定性的问题转化为定量数据，然后就可以利用数据分析软件进行数据分析。

2）一般题项不超过 20 个，15 个题项为好，而且题项需描述清楚。

我在实地调研中发现，超过 15 个以上的题目，参与调研者就没有足够的耐心去认真填写问卷，20 个以上的题目，参与调研者完全是随心所欲，给出的答案往往不是真实意愿，随意性比较大，得出的调研数据自然效度比较差。

3）核心指标需要 2~3 个题项反复验证。

例如，评价优秀员工的测量问卷，可以设定三个题项：能够按时完成领导交代的工作；主动帮助他人；责任心强，经常主动参与企业的攻坚项目等。从不同的维度去求证。

4）同类问题的题项设计一定是同向的。

即做出肯定回答的（Yes）代表认同，分值越高代表认同度越高；

否定回答（No）代表不认同。依照这种方式设置题项，就能保证同向。

例如，评价一个商品的好坏，你询问顾客：觉得好吗？如果顾客回答是 Yes，得出的是肯定答案，代表他认为很好。你问他：愿意买吗？他回答是 Yes，代表会买。这就保证了题项设置的一致性。如果第二个题项设计变成：你是不是不会买？他回答 Yes 代表不会买，回答 No 代表会买。这两个问题方向就是相反的，不符合题项设计的逻辑。

5）问卷设计可以采用封闭式和开放式相结合的方式，也可以采用半开放式。

一般是先采用封闭式问题，再采用开放式问题。因为封闭式问题比较容易回答，更容易让被调查者参与进来。开放式问题的好处是能够增加被调查者的意见，来弥补自己的不足。

6）问卷设计完成后需要进行预调研，根据预调研结果对问卷进行二次修正。

预调研问卷一般不少于 30 份，通过预调研来测试问题的有效性、合理性。

（2）第二步：问卷发放

问卷发放的操作要点如下：

1）发放渠道。

问卷的发放渠道决定样本质量，所以非常重要。我平时做调研为了扩大受众覆盖面，往往采用线上和线下相结合的方式，借助互联网工具，如问卷网、问卷星。

2）发放对象。

你所获得信息的准确性往往取决于你选择的调研对象，所以派发问卷时要先对发放对象进行界定和筛选。对象的筛选指标包括行业、职业、年龄、性别、工作年限、学历等。

（3）第三步：问卷回收

问卷回收的操作要点如下：

1）一项合格调研，剔除无效问卷后，有效问卷不低于100份，最低不少于50份。

2）低于50份问卷的调研基本属于无效调研。如果样本太少，就看不出数据分布规律，甚至误导决策。这里说明一下对于无效问卷的判定方法：一般是问卷填写不完整的，存在明显错误的，选择答案完全雷同的，比如全部选A或全部选C，填写问卷的人不属于目标对象等，都判定为无效问卷。

3）根据严谨的样本量，有效样本的回收原则是：样本数量是测量题项的5~10倍比较合理。

（4）第四步：问卷分析

问卷分析的操作要点如下：

1）样本检验。

在做样本分析之前要对样本的有效性做检验。只有收集的样本信度和效度都比较高，这种分析才有意义，否则分析是没有意义的。

首先是主观检验。

样本回收后，需要对样本进行主观检查、筛选，剔除无效样本，对填写不完整、明显乱填的问卷进行剔除。

其次是信度、效度、相关性实证检验（用SPSS软件来做检验）。

信度检验：信度系数大于0.7，CITC（相关性检验）指标大于0.7。

效度检验：P值小于0.01，KMO球形值大于0.7。

相关系数：大于0.5。

达到这个标准的问卷分析结果才有意义。

关于信度检验和效度检验的方法，看起来比较专业，现在有了SPSS专业软件，操作起来相对就简单了。具体操作方法就是把调研问卷拖到SPSS软件中，点击信度检验或效度检验按钮，找到需要检验的问卷题项进行效度检验和信度检验，软件会自动给出运算结果，根据运算结果来比较标准值就可以做出判断。做在线调研可以采用免费的“问卷星”小程序来制作调查问卷，通过微信直接转发问卷，让被调研者直接在线填写。问卷星自带 SPSS 软件，样本量小于 150 份，可以用 SPSS 软件免费检验，样本量大于 150 份就需要付费检验。

2）样本分析。

对通过检验后的高质量的样本进行分析，通过数据分析，可以找到共性问题、洞察趋势和方向。

在定量分析中，分析人员对数据的敏感度要非常高，一定要通过数据分析挖掘出隐藏在数据背后的问题本质。

据说当年小米的联合创始人刘德去美的集团与美的集团董事长方洪波谈论用户问题。刘德说现在小米的用户已经突破 1 亿。方洪波说我们美的的用户已经突破 2 亿，用户档案都保存得很好。他还让助理把美的的用户档案拿过来给刘德看。刘德瞄一眼就笑了，说：现在是互联网时代，你这些用户已经被时代抛弃了，这些客户对美的未来的价值不太大。当时方洪波感到很奇怪，刘德说：你看看你们的电话号码还是六位数，用六位数电话的人现在还是美的的用户，或者说是美的的粉丝吗？这时候方洪波才明白，看数据本身是没有意义的，要搞懂数据背后的逻辑。

在咨询行业做市场定量调研时，一般会看关键数据，非关键数据往往不重要。接下来我介绍几种我们日常做市场调研时看数据挖掘用户需求的方法。

3. 利用品类大数据挖掘爆品机会

（1）看品类数据挖掘爆品机会

看某个品类是否有挖掘爆品的机会，一般先看一个平台上品类的排名，筛选出排名前三的品类，然后看品类销量。一般日单量超过 1000 单，就证明该品类的需求群体存在一定的规模。所以看品类大数据要看两个关键点，即品类前三名和日单量。

当年美团做外卖也是采用此方法。2010 年前后，北京团购网很疯狂，各种团购活动蜂拥而上。当时王兴发现各种品类排名中外卖业务是最靠前的，平均日单量超过 1000 单，而且年轻人都喜欢宅在家里或办公室里，于是他判断外卖业务未来可能会呈现爆发式增长，果断把其他业务逐步收缩，主攻外卖业务，也成就了美团在外卖领域的头部地位。

（2）看行业驱动要素的增速或行业增速

判断一个行业有没有未来，要先找到驱动行业发展的关键要素，然后去分析这些要素的增幅。一般驱动要素的增速超过 10 倍，或行业增速是 GDP 的 1.5~3 倍，往往就蕴藏着巨大的机会。

亚马逊创始人贝佐斯在互联网公司时，发现万维网流量每年增速超过 1024%，以这么惊人的增速来看，未来互联网一定是大趋势。于是他辞去工作做了第一个卖书的网站，从卖书起步慢慢发展到亚马逊的全品类经营，也让亚马逊成为世界上市值最高的互联网公司之一。当年贝佐斯看到的流量增幅 1024%刚好超过 10 倍，所以 10 倍是判断行业前景的临界点。

行业增速是我过去做产业投资的一个参考指标。我们判断一个行业增幅能够超过 GDP 的 1.5~3 倍，就认为这个行业大有可为。

（3）看搜索平台关键词搜索数据

看搜索平台关键词也是判断一个行业或品类是否有挖掘爆品机会的重要指标。我们一般参考百度搜索、淘宝等大平台数据。当一个行业日搜索量超过 1000 时，就可以认为这个行业的需求是比较旺盛的。

当年我的一个同学在百度工作，而且职位做到了高级总监，却突然提出离职，打算自己创业。我问他打算做什么项目，他说洗外墙业务。当时我觉得那个业务需求量太小，并没有放在心上，一年后我们在北京见面，发现他做得非常好。我问他是如何判断这个业务是可以成功的，他说因为他在百度工作，对百度数据背后隐藏的商业价值比外人理解得更深。他发现百度搜索排名中每天都有上千人找洗外墙的公司，说明这个行业需求极大，所以决定做这个项目。我们再来看新冠肺炎疫情暴发时，搜索平台上口罩的关键数据。从图 2-2 中可以发现搜索口罩的人每天超过 30119 人次，每天搜索增幅超过 2859%，说明口罩出现严重供不应求的局面。

评价市场规模的方法：日搜索量×行业平均转化率×客单价×30 天×12 个月＝1 年的营业收入。通过一年的营业收入，就能测算出投入产出比。最终评价这个生意能不能做。

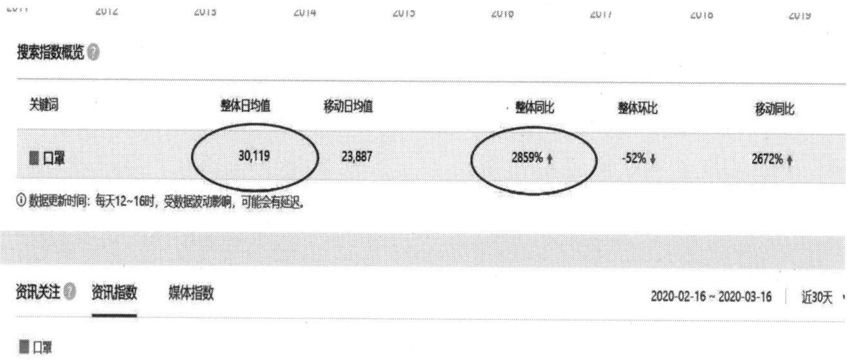

图 2-2　口罩搜索截图

第二节　用户定性调研实战方法

1. 定性调研的目的与适用条件

定性调研往往用来挖掘消费者潜在的需求，或无法通过数据反映出来的消费者心理行为动机，数据不够充分时，也往往采用定性调研来解决。

定性调研的关键点：不是洞察需求，而是挖掘痛点。需求是由痛点引发的。顾客很多时候受知识的局限，并不知道自己需要什么样的产品。若把顾客看成一个患者，医生不可能问患者需要什么药，医生会问患者哪里不舒服，然后给患者提供解决方案。这就是引导需求，基于痛点结合自己的专业把需求点推理出来。所以做产品要抓住痛点，创造需求。对于任何一个痛点，基于不同的人、不同的生活场景，有不同的解决办法。

我在实践中常常用到的定性调研包括一对一访谈、一对多座谈会。接下来我重点介绍这两种调研方法的操作要点和成功关键点。

2. 一对一访谈操作方法

一对一访谈往往适合重要调研对象，如大客户调研、意见领袖访谈、重要企业管理者的深度访谈。在一对一访谈中应注意以下几个关键点：

（1）访谈对象的选择

访谈对象选择精准是一对一访谈成功的前提条件，被访谈对象往往是某一领域能力突出的专业人士，能够确保提供更多的信息且相对准确。如果访谈对象选择错误，所提供的信息也会有很大偏差。选择调研对象：沟通能力强的、有代表性的客户，经验丰富的人。

（2）**访谈大纲准备**

在实施一对一访谈之前，要提前准备好调研访谈大纲，把需要挖掘的信息做成访谈的内容框架，厘清内容的逻辑和先后顺序，然后根据访谈大纲开展一对一访谈。

（3）**一对一访谈操作要点**

提问方式：多问依据，少问定性结果。

提问方式决定你所获得的答案，如果方式是错误的，答案也一定是错误的。一般问“获得依据”的开放式问题，如“你爱读书吗？”很多人可能会说他爱读书。你换一种方式问：“你每个月读几本书？读书花多少时间？”就能判断出他爱不爱读书。

提问内容：多问具体点，少问宏观面，围绕一个点递进式深挖。

只有问到点才能收集到有价值的信息。你问得越具体，得到的答案就越具体。比如开展美食调研，你问顾客“好不好吃？”不如问“辣度够不够？甜度怎么样？咸度怎么样？”你问到的点越具体，顾客反馈的答案也会越具体。

问题形式：一般是开放式问题和封闭式问题相结合。先封闭式提问，再开放式提问。

因为封闭式提问更容易回答，后面的开放式提问是为了获得更多信息。如果开放式问题太多，回答者会感到厌倦，不愿意回答或乱回答。封闭式问题是为了验证自己的假设，所以要提前有基本判断。

◆ 对关键问题反复求证

重要问题可以从不同角度设置题项，进行反复测试，保持信度上的可靠性。

例如：你一般多久去一次超市？如果回答是3天，那么进行二次求证：你一周会去超市购物几次？如果回答是2次，则这个测定结果就是一致的。

◆ **假设测试与反馈**

在调研过程中，要带着假设与客户去一对一沟通，论证自己的假设是否成立，发现其中可能存在的问题，通过现场测试来验证预想的价值。假设测试是很多调研人员容易忽视的一个环节，但也是做调研非常重要的环节。

3. 一对多座谈会访谈方法

（1）一对多座谈会适用条件

一对多座谈会适合更多的中性样本量，如果需要收集更开放的、更广泛的意见，就会采用一对多座谈会访谈方法。我在咨询过程中做消费者需求调研、产品测试、收集渠道意见，都会采用一对多座谈会的方式。一对多座谈会的好处是让大家能够积极参与讨论。

（2）一对多座谈会操作要点

访谈大纲编制：根据调研目的提前制定一对多访谈大纲。

调研对象选择：调研对象的选择要精准，例如做产品测试的调研，一定要选择使用过该产品，且对该产品感兴趣、乐于发表意见的人。

座谈会的分组原则：一般一次调研会进行 3～5 组来测试，至少不少于 3 组。低于 3 组得出的结论就会比较离散，找不到共性；超过 5 组就会造成调研成本的增加。

每组人数安排：一般一组 8～10 人。如果人数太少，现场找不到共性；超过 10 人控场的难度就会加大。

一对多访谈操作细节点：在讨论阶段一定是对事不对人，原则上不能存在否定对方的行为。任何人都可以畅所欲言，存在疑问可以由会议纪要人员做好记录，事后由观点提出者给予合理的解释。所有陈述观点的人必须做到有理有据，即任何观点都必须有事实依据，任何没有依据的观点都是不能获得支持的。

我们在实践中发现有时候学了一堆的理论、方法和工具，但还是解决不了问题，为什么会出现这种情况？其本质是不得要领。在实践中所用到的调研方法往往不是一种方法，而是多种方法的组合，最后才能获得更全面、更准确的信息。接下来我来分享一下实践工作中常常用到的几种定性调研方法，以及这些方法应用的关键要点。

4. 用户行为画像分析方法

（1）定义用户画像

做用户研究首先要清晰定义用户画像，这是做消费者研究的基本条件。用户画像包括基本用户画像、行为画像两个方面。

基本用户画像：包括年龄、性别、职业、学历、群体偏好、认知水平、购买力等。基本用户画像就是对用户基本情况做一个描述，以找到群体共性的行为画像特征。

行为画像：包括购买行为画像、体验行为画像、分享行为画像。

具体来看，购买行为画像可以从以下问题入手：喜欢买什么（品类偏好）、在哪里买（渠道）、愿意花多少钱买（价格）、多久买一次（购买频次）、一次买多少（客单价）、购买最相信谁（信任背书人）、购买关注点是什么。

体验行为画像可以从以下问题入手：在哪里用（应用场景）、如何用（体验习惯）、一次用多少、多久用一次、应用过程中存在哪些痛点、喜欢与谁分享、分享方式是什么。

其实消费者每一次做购买选择，内心都充满挣扎，他往往会考虑以下几个因素：

买什么产品（What）——根据需要，确定买什么。

在哪里买（Where）——购买渠道。

什么时间买（When）。

买谁的品牌（Who）。

以什么价格买（How much）。

买多少（How many）。

这几点我概括为4W2H原理。

（2）购买行为逻辑

消费者购买过程也是遵守一定的逻辑的，基本是按照六个步骤来完成这个行为闭环（见图2-3）。

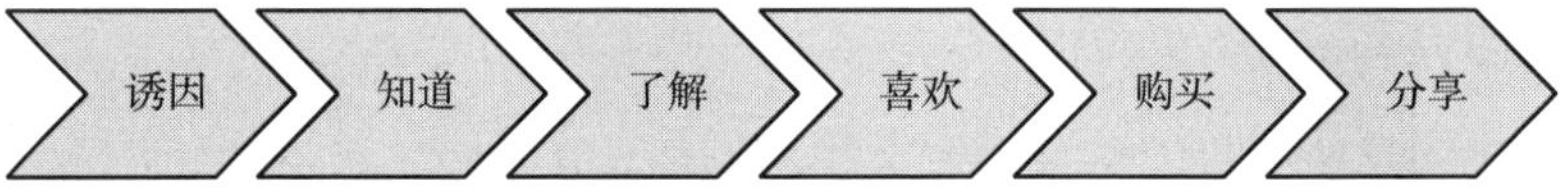

图2-3 购买行为逻辑

◆诱因

从这个逻辑来看诱因是引发需求的起点，所以挖掘消费诱因是设计产品的原点。比如，喝凉茶的诱因是上火，围绕上火的场景——吃辣容易上火、熬夜容易上火，早期凉茶在火锅店和夜场卖得最好。任何一种产品诱因都是多元的，具体哪种诱因是核心呢？这个需要深度调研，找到核心诱因是成功的关键。

◆知道

当你触达了诱因，产生了某种需求，把产品向你做个简单的介绍，你对这个产品就会有一个基础的印象。比如，你在电视上或互联网上偶然看到一条关于某个产品的广告，你会对某个产品有一个初步的认知，这叫知道层级。

◆了解

把产品向你面对面做个详细的介绍，再给你拿个样品让你亲自体验一下，从体验的过程中你会对这个产品加深了解。在这个环节中你会了解产品的属性、功能、使用场景等基本情况，甚至对每一个细节会有深刻感受，在全面了解产品的前提下你会进入下一个环节。

◆喜欢

如果你对产品体验感受很好，尤其是某种产品刺激力很强，顾客就会慢慢喜欢某个产品。所以很多商家在做新品推广时，前期都会向客户提供免费产品体验的机会，比如食品试吃、化妆品试用等，通过体验培养顾客兴趣，让顾客慢慢喜欢上产品，直至不愿离开。

◆购买

当顾客已经喜欢甚至上瘾的时候，商家就会推出收费服务，这个时候顾客会毫不犹豫地购买，尤其是现在的年轻人会为喜欢买单，冲动型购买人群越来越多。直播电商就是针对冲动型购买，因为喜欢某个主播，用户即使不需要这个产品，也会因为主播的推荐去购买。

◆分享

付费购买后，顾客在体验过程中会产生不同程度的满足感和自豪感，就会不由自主地分享这种喜悦。分享的前提是让顾客产生自豪感，对于值得炫耀的事，顾客才会主动分享。比如一个人购买到一件自己比较满意的衣服，穿在身上更能彰显自己的魅力，他就会主动分享这种喜悦。

任何购买行为都会遵守这么一个逻辑，你要了解这种潜在购买行为就需要采用定性调研来实现，因为定量调研是无法洞察到潜在的需求的。我们在做定性调研时，也有很多应用技巧。接下来我介绍通过定性调研洞察用户需求本质的五个利器。

5. 洞察需求本质的利器

(1) 看到问题背后的需求

看到问题背后的需求就是以终为始的逻辑。看问题背后的逻辑动因和价值链接点，找机会突破需要点，解除潜在威胁，因为现象都是伪需求。

客户购买钻机时，表面上他是在购买一台钻机，而实际上他购买的是一口井。你与客户探讨的不应该是需要什么样的“钻机”或讨论这个钻机好不好，而是应该了解他需要的是什么样的“一口井”，针对他对井的需求，给他提供钻机。再进一步，了解他需要的是什么样的水，基于客户对水的标准提供钻机。所以看问题一定不能停留在表面，而是洞察用户内心深处那个终极的需求点。

（2）从客户背后的客户看需求

我在帮助企业解决问题时，一定不是停留在当前的客户问题层面，而是向前推一步，帮助客户搞定客户。也就是说，帮助客户的客户解决问题。帮助制造商解决营销问题时，我往往站在经销商的角度思考问题。经销商的问题解决了，他愿意打款订货了，与场景黏性增强了，自然也就解决了厂家的营销问题。帮助经销商解决问题时，我往往站在零售商角度，帮助经销商搞定零售商。同理，帮助零售商解决问题时，往往要站在消费者角度，帮助零售商做用户运营，最终解决零售商的问题。这就是我做咨询解决问题的思维方式，即把解决问题的层级向前推进一步，从客户的客户痛点入手。

（3）从顾客痛点中发掘需求

做营销的人习惯挂在嘴上的一句话是“以需求为导向”，却很少有人去思考：需求从哪里来？其实需求是从痛点中衍生出来的，顾客为了消除痛点而衍生需求。所以要找到顾客的需求点，就要走进用户的工作、生活、学习、娱乐中，了解他们在这些场景下存在哪些痛点。每一个人都有痛点，每个痛点都会衍生不同的需求，其实需求是一种现象，隐藏在需求背后的痛点才是本质。

（4）从人性的本质发现需求

人性的本质最稳定，找到人性的本质是最底层的需求逻辑。追求和回避是人类的两大动机——回避危险，追求想要的东西。人性的行为驱动要素只有两种：追求快乐、逃避痛苦。每个人都会追求或向往美好的生活，回避不愉快的事。做产品抓需求必须洞察人性从而顺应人性，而不是控制人性。根据心理学的研究，人性有以下几个特征：

第一，人是有惰性的。这个不用解释，大家都明白，而且每个人都有。

第二，人有从众心理。互联网种草的营销模式，就是利用了消费群体的从众心理。KOL（关键意见领袖）购买了某种商品，其他人也会跟着购买。心理学界曾研究得出一个结论：群体智商低于个体智商。其实这个结论不是指个体智商有多高，而是因为个体提出一个观点，群体的大脑就停止了思考，顺从接受了个体观点，这种从众心理导致了群体智商偏低。比如，某个意见领袖振臂一呼，号召大家去购买某个商品，下面的粉丝就随大溜，很少有人思考：我为什么要去购买？我凭什么听意见领袖的建议？这就是从众心理作怪。

第三，人是没有耐心的。我曾做过一个观察，大家等电梯时，超过5秒就有人开始啪啪按电梯按钮，我把它称为等电梯的“5秒钟效应”。其实这个5秒钟效应反映的就是人缺乏耐心。现在很多企业开始打5秒广告，因为超过5秒，观看的人就开始下降。我曾做过短视频的观看时长研究，发现短视频播放超过8秒，观看时长会大幅度下降。

第四，人人都有一颗好奇心。从人性来看，每个人都有好奇心，好奇心促使人类去探索宇宙的各种奥秘，推动社会进步。

伟大的产品要满足人的生理层面和情感层面的双重需求。所以我们在洞察顾客的购买需求时，要关注人的心理层面，满足人性最底层的需求。

（5）从潜意识动作中看需求的本质

从身边人群不经意的言行中发现需求，关注行为细节，因为细节往往被忽视，而潜意识动作是最能反映人的真实内心的。语言可以撒谎，潜意识行为不会伪装。

当年我主导开发了一款香肠，其实这个项目是源自一次意外的研发测试。那时候正赶上暑假，我找了一些假期实习的大学生，跟研发部门说："你们平时做的新产品苦于找不到测评对象，现在有这么多大学生在这里，你们可以找他们做下产品测试，听听他们对产品的评价。"研发部测试完告诉我：大家对6个产品的反馈都非常好，还把调查问卷给我看。我去现场看了一眼就说："2号和5号留下来，3号和6号直接淘汰，1号和4号现在没法下结论。"研发人员听到后不服气："你凭什么说3号和6号不行，大家都觉得很好，调查问卷明明写着满意，铁证如山。"我只问了研发人员一个问题：盘子里的产品放的数量是不是都一样多？他说都是1000克。我告诉他我的判断依据：每个盘子都是1000克，2号和5号盘子里已经吃完了，3号和6号产品却基本没动。行为才是最真实的。所以做调研一定要关注行为细节，不要只关注他们在调查问卷上是怎么填的，要现场测试在自然状态下的潜意识动作，以此作为判断的依据。

索尼公司当年想做一款音箱，初步选了两种颜色：一种是黑色，另一种是黄色。公司决定先选择一款来试销，市场人员不知道先选择哪一款，就找了一批用户做测试。结果很多人都觉得黄色好看，理由是黄色的比黑色看起来漂亮，说得振振有词。测试完后，索尼公司测试人员说：为了感谢大家在百忙之中抽出时间参与我们的调研活动，每个人可以领一个小音箱作为纪念，颜色随便选。他们选择的结果让测试人员大跌眼镜：这些受测试的人大多选择的是黑色音箱。

所以我经常告诫做市场研究的朋友："嘴巴会说谎，行为难伪装。"消费者只有对自己满意的东西才会做出更加谨慎、理性的选择，在这种情况下做的选择往往才是最真实的。

6. 顾客不购买产品的七大心理

顾客为什么不购买我们的产品呢？很少有人去刨根问底。根据我多年的研究发现，消费者不购买产品无非七个原因，我把这些原因归结为顾客不购买产品的七个心理黑洞。为什么是黑洞呢？因为你看不到顾客内心的真实想法，顾客也不会告诉商家实情。如果商家掌握了这几个因素，就可以有针对性地去解决问题。

（1）负需求

为什么消费者会有负需求呢？研究发现，顾客曾经买过某种商品，因为产品质量问题或售后服务问题等受到过伤害，留下了心理阴影，其就会对某类商品产生负需求，也就是产生抗拒心理。我原来有个朋友，每到春节看到别人放鞭炮，他就躲得远远的，我就很奇怪。后来他告诉我，他小时候因为玩鞭炮被炸伤过，因此对鞭炮产生了抗拒心理。生活中也有这样的例子，如果一个人被狗咬过，他这辈子养狗的概率就很低。解决负需求就要采用差异化策略，告诉用户这个产品和过去曾经伤害过他的不是一类产品，以此消除用户心中的阴影。

（2）不了解

不了解就是顾客不知道你的产品是什么，对他有哪些好处。一般情况下顾客不会购买他不了解的商品，这是规律。要解决这个问题，需要提炼产品卖点，然后通过传播和沟通告知顾客产品的价值和能够给顾客带来的好处。越复杂的商品、技术含量越高的商品，顾客越不容易了解，做好信息沟通就变得越重要。产品本身很好，却不一定卖得好，就是这个道理。顾客认为好才是真的好，如果顾客根本不了解，也就无从谈起好产品。

（3）不需要

顾客即使了解产品功能和价值，但是感觉与自己关系不大也不会购买，我把这个心理定义为不需要。比如，口红与男人关联度不高，女人对剃须刀的热爱程度也很低。所以你想把口红卖给男人的难度肯定比卖给女人的难度要大很多，不要轻易相信把梳子卖给和尚这种励志故事。我不是说这种情况不可能，而是很难。从营销学的角度，首先你的目标客户群就选错了，你推销的难度会变大。可以换一种角度，找到那个使用者，再去说服他购买。例如，要把剃须刀卖给女人，可以说服女人给丈夫买一个，犒劳一下自己的丈夫。虽然女人自己不用剃须刀，但是仍旧能够说服她购买，这也是一种营销方式。吉列剃须刀早期上市，就是通过广告展现男人每天忙到连刮胡子的时间都没有，进而说服女性给自己的丈夫买吉列的剃须刀。

（4）不值得

顾客虽然需要这个产品，但是若感觉你的东西不值这个钱，他也不会买。解决这个问题就是跳出传统思维，不仅要关注产品本身，还要关注它的附加值，通过增加附加值提升产品的溢价能力。具体方法包括强调品牌价值、突出差异化、名人背书等。在这方面，我们可以学习一下美国希尔顿酒店。希尔顿酒店每个房间里都挂了好多名人的照片，包括商务政要、明星大腕等，上面写着某某总统、某国政要、某明星在哪一年哪一日住过此房间，通过这种方式增加附加值。当客户看到对面墙上名人的照片，想到这个人也曾在这个房间住过，就倍感荣耀。

（5）不相信

商家宣传产品的好处，有时候顾客不会相信，总是怀疑产品真的有这么好吗。当顾客在心里打问号的时候，他很难决定购买这个产品。一旦遇到这种情况，靠讲道理是很难说服他们的，需要通过增加信任度的方式增强说服力。首先要搞清楚顾客最相信什么，最相信谁，然后用他比较相信的人和事来背书。比如，权威资质、专利证书、获奖证书、权威专家、真人现身说法等，都是增加信任度的方法。

（6）买不起

如果顾客感觉产品太贵，他也会放弃购买。解决买不起的问题往往从两个方面来入手：一是市场定价错位。推销的群体根本不是自己的目标客户，这种情况导致顾客买不起。比如，销售人员跑到农村向农民大叔推销宝马肯定会受到阻力，不管你的宝马性能多好，大叔都会给你回一句：我更喜欢农用三轮车。因为你的市场定位出现了错误，宝马根本不是农民大叔喜欢的菜。二是定价的确偏高，超出了目标客户的购买力。这种情况可以通过调价、促销等手段来解决。一定要具体问题具体分析，找到对应的解决措施。

（7）买不到

买不到的问题更多是因为产品渗透率或铺货率低，顾客想买找不到购买渠道。过去我们经常看到央视广告打得满天飞，消费者想买货，满大街跑，就是不知道哪里能够买到。解决这个问题最直接、最简单的方法就是提高产品铺货率。

第三节　场景洞察法挖掘用户需求

场景洞察法是我们做消费者研究时一项非常重要的研究工具，也是获取第一手资料的重要方法和手段。场景洞察法在实践过程中有三种方法：购买场景洞察法、应用场景洞察法、领先用户洞察法。接下来我来说明这三种方法的具体应用。

1. 购买场景洞察法

走进消费者的真实购买场景，观察消费者的整个动线购买行为细节表现。根据观察到的现象，进行点对点分析，深挖行为背后的购买逻辑和行为动机。在实操中我经常去一线现场，如超市、大卖场、在线平台，去发现顾客购买问题，随时与顾客进行点对点沟通，然后挖掘其背后的购买行为动机。

过去我们曾在超市货架旁边安装摄像头，拍摄消费者整个自然状态下的动线购物体验和消费过程，然后通过回放观察、分析每一个细节反应，根据这些细节反应做深度分析，结合在线平台数据对比，了解消费者行为背后的动机。

2. 应用场景洞察法

走进用户的生活圈子，与消费者交朋友，观察他们的生活习惯和产品应用习惯，发现他应用产品时的体验痛点、体验爽点，以及行为习惯等特征，并记录下来。体验痛点针对的是产品的改进机会，体验爽点针对的是产品固化机会，行为习惯针对的是产品创新的机会，然后把问题分类，后期才能有针对性地进行改进。

◆ **应用场景洞察法实操要点**

让消费者深度参与产品体验，在自然状态下观察消费者使用产品的反应，画出全过程体验图谱，并在图谱上标注出体验的兴奋点、痛苦点，最后形成一个产品体验路线图，这个路线图就是后期做产品优化的路线图谱。

重点关注体验过程中的情绪反应和潜意识动作表现。静静观察他的第一情绪反应和潜意识动作，因为这两点是最真实的、无法掩盖的。

体验结束后，让用户讲出三个兴奋点和三个痛苦点，求证与自己观察的结果是否一致，并追问兴奋点背后的原因、痛苦点背后的原因及改进建议。

我有一个做电饭煲的朋友，有一次他去广州出差，晚上去朋友家里做客，发现广东人炖鸡汤的方式和北方不同：广东人炖鸡汤把整只鸡丢在电饭煲里，炖好后把整只鸡捞出来只喝鸡汤，不怎么吃鸡肉，因为广东人认为鸡肉的营养都在鸡汤里了。他针对广东人炖鸡汤的习惯，专门开发了一款炖鸡煲，在广州上市后销量很好。这就是走进消费者的生活，发现他们的应用习惯而做出来的产品。

3. 领先用户洞察法

领先用户理论最早是由美国麻省理工学院的 Von Hippel 教授提出的。Von Hippel 教授指出，领先客户是产品创新的重要源泉。领先用户包括供应商、代理商、大客户。因为意见领袖比较有话语权和代表性，所以领先用户价值非常大。

我们采用领先用户法的目的是提前让领先用户重度参与产品开发，参与产品概念、产品迭代等工作。在领先用户领域，小米的做法是大家学习的对象。小米起家后选择了 100 名手机发烧友或头部博主，在产品立项开始就深度参与产品开发，这些粉丝对自己参与开发的产品有深度的热爱，最后形成口碑效应。这些领先用户既是消费者也是传播者。

◆ **领先用户洞察法实操要点**

领先用户一定要选择具有群体代表性，对特定群体具有影响力和带动效应的人。他们要从产品创新原点介入，全程参与产品设计与产品体验改进。先进行产品体验，再进行点对点沟通解决。给领先用户提供样品，让其试用，然后让其谈谈体验后的感受，或观察其体验过程中的反应，行为求证必须还原到真实场景中去。

我们做完调研，需要对调研结果进行分析，常用的分析方法包括坐标系法、关键要素分析法。接下来我来介绍几种坐标系分析方法。

第四节 需求洞察与机会分析模型

对产品经理来说，对客户的需求洞察、机会挖掘是起点。如何洞察需求、挖掘市场机会呢？接下来我会重点介绍在实践中常用的几种常用模型：爆品机会挖掘模型、爆品机会与能力模型、爆品分析模型、产品关键要素分析模型。

1. 爆品机会挖掘模型

爆品机会挖掘模型（见图 2-4）就是指我们通过行业分析找到爆品机会。在行业分析中通常有两个分析维度：一个维度是行业增长率，另一个维度是行业集中度。一般来说，行业增长率非常快，是宏观经济增速的一倍以上，就说明这个行业存在很大的行业红利。要找到有红利的行业，还要看行业集中度。往往行业集中度越高，后来者越难进入；行业集中度越低，后来者成功的机会越大。原则上要回避高集中度的行业。关于行业集中度有一个判断指标，行业前三名的合计市场份额达到 70%，说明这个行业集中度比较高，后来者要慎入。

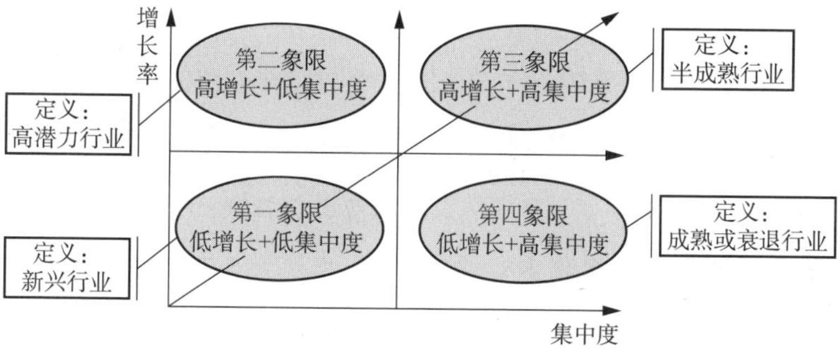

图 2-4 爆品机会挖掘模型

第一象限特征：低增长，低集中度

判断行业低增长的依据有两个指标：一个指标是对标宏观经济（GDP）的增速，如果低于国家宏观经济增速，就说明这个行业是低增长的行业；另一个指标是行业增长率是否达到10%，如果增速低于10%，说明这个行业增长是比较缓慢的。每个行业都是不同的，这些判断指标给大家一个参考，没有绝对性。

低集中度说明整个行业处于松散状态，没有领先的企业，竞争处于无序状态，产品品质也是参差不齐。如果行业呈现这种状态特征，则很可能属于新兴行业，面对新兴行业要进行评估：一是看这个行业是否与企业未来战略保持一致；二是判断这个行业未来是否有发展前景。如果这两个条件同时满足，就需要提早布局。新兴行业有一个培育期，伴随着行业发展，自己的产品慢慢也会成为行业的爆品。

第二象限特征：高增长，低集中度

如果一个行业增速超过30%，或者超过宏观经济（GDP）的3倍，就可以认为是增幅比较高的行业。如果行业增幅很高、集中度低，就说明当下还没有出现行业寡头。行业处于这种状态，往往是企业介入的最佳时机。我把这种行业定义为高潜力行业。对高潜力行业，我们要评估其与企业的发展战略是否吻合。如果与企业战略高度吻合，企业就需要毫不犹豫地进入，开发具有战略性的爆品；如果与企业战略不吻合，也需要考虑这个机会是否具有长期价值，如果具有长期价值，可能是企业未来战略升级的一个方向，也是可以进入的。我们洞察产品机会往往就是从高增长、低集中度的行业中去挖掘的，所以第二象限是我们开发产品重点关注的领域。

第三象限特征：高增长，高集中度

如果一个行业出现高增长率和高集中度，则这个行业往往属于垄断性行业，存在高频性刚需，但是进入门槛非常高，要么需要特权资格，要么需要巨大的资本投入等，一般企业是难以在这些领域里分一杯羹的。比如，国家稀缺性的资源、能源、贵金属（黄金）、金融行业，需求增速很快，往往只有几个大企业在参与经营，一般企业是没有资格进入的。在实操过程中，针对垄断竞争行业，即便存在市场机会，一般企业也需要慎重选择。

第四象限特征：低增长，高集中度

如果一个行业出现低增长，而行业集中度又非常高的特征，也就是说行业红利已经消失，完全进入存量争夺阶段。整个行业都被几个巨头垄断，巨头的增长也是靠蚕食其他弱小企业来获得的。出现这种行业特征，说明这个行业很可能已进入成熟期或衰退期。对这种行业，我建议企业要回避，不要盲目进入。因为在这种行业，后来者胜出的机会非常小。

2. 爆品机会与能力模型

做产品常常会从两个维度去研究市场：一个维度是从外部看机会，也就是看外面存在哪些市场机会；另一个维度是从内部看企业能力，就是看企业需要具备哪些能力能够抓住外部的机会。在这个矩阵中划分四个象限（见图 2-5）。

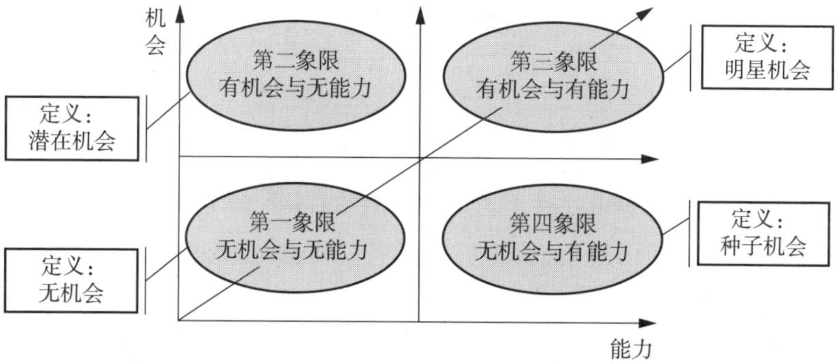

图 2-5 爆品机会与能力模型

第一象限特征：无机会，无能力

这种特征就是外部既不存在市场机会，内部也不具备抓机会的能力，我把这种情况定义为无机会的象限。具备这种特征，作为企业往往是选择放弃策略。

第二象限特征：有机会，无能力

遇到外部存在市场机会，但是内部能力不足的情况，我把它定义为潜在机会。对企业自身来说，这种机会仍不属于自己，充其量是潜在机会，也就是等到自己有足够的本事抓住此类机会，才算是真正的机会。遇到这种情况就要看这种机会是否符合企业发展战略，如果符合就投入资源来培养企业的相关能力，如果不符合就果断放弃。

第三象限特征：有机会，有能力

遇到既有机会，又有能力的条件，是最有利于企业挖掘爆品的。一般企业需要聚焦第三象限，进行战略性投入，来开发爆品。作为企业经营者来说，第三象限是最容易挖掘出爆品机会的。

第四象限特征：无机会，有能力

遇到无机会、有能力的情况，可以基于自身优势去创造机会，分析自己的核心能力体现在哪里，机会从哪里来，或者如何去挖掘机会。在第一个模型的基础上可以延伸出“机会模型”，也是属于矩阵分析法的一种。

3. 爆品分析模型

爆品分析模型（见图 2-6）用于产品机会挖掘和产品持续优化。产品分析模型往往是分析产品缺陷、提供优化机会和挖掘市场需求、寻找产品创新机会的方法工具。爆品分析有两个维度：一个是需求的维度，另一个是需求满足的维度。

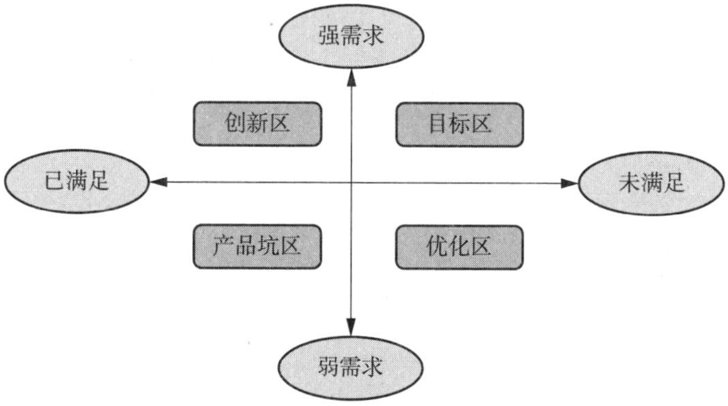

图 2-6 爆品分析模型

第一象限特征：弱需求，已满足

在第一象限中存在已经满足的弱需求，这种情况往往是产品的坑区。本来顾客需求欲望就不是很强烈，购买动机很低，是很难做出爆品的。

第二象限特征：强需求，已满足

在第二象限中存在已满足的强需求，这种情况是产品创新区。市场存在强需求，但是满足需求的方式可以是多种多样的，比如，顾客饿了，可以吃汉堡、吃米饭、吃饺子等，以不同的创新形式去满足顾客的强需求，来替代他过去的满足方式。但是创新有个基本前提条件，提供新的满足方式在效率上或质量上一定要比过去的方式有优势，否则这种创新往往会失败。比如，过去交通工具是马车，福田公司创造了汽车，这种创新提高了出行的效率，所以汽车很容易替代马车来满足用户需求。

第三象限特征：强需求，未满足

第三象限既存在强需求，又未得到满足，这个区域往往是做产品创新的目标区。因为强需求代表存在很强的行业增长红利，未满足代表存在一定的市场空白，供求关系失衡或供给不足。在这种情况下做产品是最容易获得成功的。例如改革开放初期产品匮乏，存在未满足的强需求，只要你有产品就能够卖掉。现在虽然这种机会比较少了，各行各业都出现不同程度的产能过剩，但是只要去深入研究，就一定能够在某一细分领域找到未满足的强需求，因为需求是不断变化的。你看零售业的发展趋势，就不难发现需求的多变性。由传统卖场发展到传统电商，再到今天的视频电商，经济、社会、技术发展到不同的阶段，都会衍生出不同的强需求。需求不是恒定不变的，这种变化就会催生出不同商家。作为产品创新者往往需要紧盯这个区域去发掘市场机会。

第四象限特征：弱需求，未满足

对于未满足的弱需求，我把它定义为产品优化区。虽然是弱需求，但是仍有提升的空间，关键是能够找到这个弱需求点，去分析弱需求背后的驱动力。有时候现在是弱需求，未来可能就会变成强需求。顾客对奢侈品的需求，在过去的一段时间里可能是弱需求，但随着人们购买力的增强，就变成了现在的强需求。低端商品可能会从过去的强需求变成现在的弱需求。判断弱需求的价值一定要结合行业发展趋势、社会发展方向，而不是只看当下。如果符合未来的社会发展趋势，现在某种弱需求通过培养、引导慢慢就会变成强需求。所以我把第四象限称为产品优化区，可以通过优化改善，把弱需求转化为强需求。

爆品分析模型的关键要点：作为爆品管理者，重点关注第一象限和第二象限的强需求，围绕强需求点开展创新活动来开发爆品。

4. 产品关键要素分析模型

关键要素分析是在产品创新过程中，找到影响产品成功的关键要素，从关键要素入手来解决产品问题。关键要素分析法有两种方式：一种是递进式分析；另一种是结构化分析。

（1）关键要素递进式分析模型

关键要素递进式分析是基于一个关键点，采用剥洋葱式的层层拆解，直达问题的本质，即基于一个“问题点”出发，找到引发问题的关键影响要素，然后去分析这些要素是如何导致问题产生的，各要素之间又是如何相互影响的，最后形成“归一性”结论。它的分析逻辑是先确定需要解决的核心问题，然后找到问题的关键影响因子，关键要素递进式分析模型如图 2-7 所示。

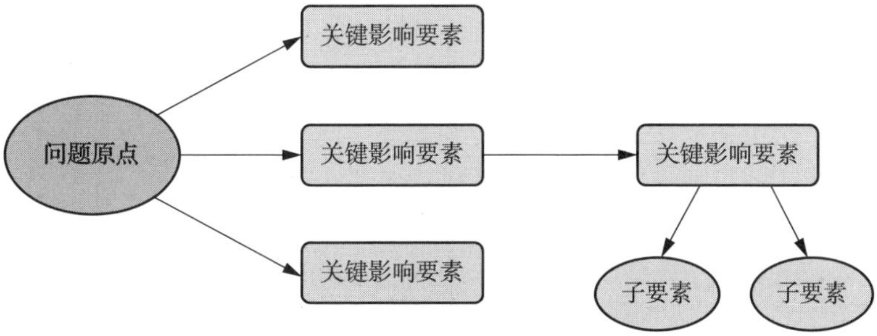

图 2-7　关键要素递进式分析模型

比如，我们研究营销常用的方法就是找到影响营销成功的关键要素是什么，把它罗列出来。通常会从 4P 要素出发，即产品要素、价格要素、渠道要素、推广要素，然后再去分析各要素背后的影响要素以及各要素之间的相互关系。

影响产品要素：客户需求、产品功能、产品外观、体验细节等。

影响价格要素：制造成本、竞争者价格、效率、购买力等。

影响渠道要素：渠道类型、渠道成本、渠道关系等。

影响推广要素：推广主题、推广形式、推广渠道、推广成本等。

通过层层递进最终找到问题产生的核心驱动要素，作为解决问题的入手点。

（2）关键要素结构化分析模型

关键要素结构化分析是先划分不同的维度，然后分析不同维度上的关键要素，最后找到关键要素之间的共性和交集点，这个交集点就是问题的本质。做产品时，这个交集点可能就是需求的本质原点，使人可以从本质入手。关键要素结构化分析模型与关键要素递进分析法的区别是：关键要素递进分析法是从一个点出发，层层递进，最终找到交集点；关键要素结构化分析是从多个维度出发通过化繁为简，最终找到交集点或共性，作为解决问题的入手点。二者虽然出发点不同，但最后的结果可能是一致的。

比如我们挖掘战略机会点，可以从行业的维度探索行业风口在哪里，行业竞争格局、行业集中度如何等，以此来分析行业；从需求的维度出发，可以分析顾客痛点、顾客需求点、购买关注点；从竞争的维度可以分析竞争者的优势和劣势；从自身出发可以分析自己的优势和劣势、企业核心竞争力和独占资源等。最终找到四个维度的交集点，这个结论可能就是要找的机会点。关键要素结构化分析模型如图 2-8 所示。

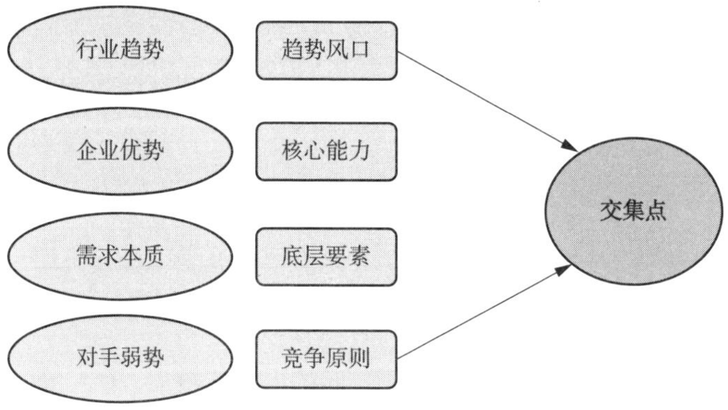

图 2-8　关键要素结构化分析模型

第三章

爆品开发

扫码购买本书配套课程

第一节 爆品开发的五种思维

思路决定出路，一个人的思维会影响他的行为。随着商业环境的变迁、消费观念的改变，爆品开发的思维方式也有了很大改变。我结合十多年的产品管理经验和当下的市场环境，提炼出五种爆品开发的思维模式。

1. 用户思维

为什么是用户思维，而非客户思维？回答这个问题，我们首先要搞清楚用户与客户的区别在哪里。用户通常情况下是指产品最终购买者或使用者；客户通常情况下是指渠道商、代理商、中间商等，也就是在营销价值链中充当价值传递、价值交付的角色。十年前我主导开发新产品，往往是客户思维。因为那个时代产品稀缺，消费品牌意识比较低，渠道就拥有交易的掌控权，渠道给什么产品，顾客就接受什么产品。这种条件适合客户思维，因为客户思维做产品效率高、工作量小。过去开发产品是“以渠定品”策略，只需要跑到客户那里，坐在办公室里做个访谈、了解一下客户需求，回去就组织开发新品，然后召集客户开订货会。十年前开发新品就是按照这个套路来落地的。现在商业环境发生了巨大变化，导致客户思维失效，所以必须回归到用户思维层面。产品开发的起点源自用户需求，要尊重消费者内心感受。做产品最怕的是

“自我定义产品”，就是一群产品人坐在办公室里闭门造车，想出一个产品概念，理想很丰满，落地很骨感。当下则要重视用户思维的价值。向用户思维的转变主要是考虑以下三个方面的变化：

（1）交易决定权发生转移

随着“90后”“00后”的崛起，市场进入主权消费时代，顾客的品牌意识提高，导致渠道对交易掌控权变得越来越弱。过去消费者口渴了，跟营业员说：拿瓶饮料。营业员就会随手拿一瓶饮料，不管是果汁、茶、碳酸饮料还是运动饮料，营业员给什么饮料，消费者就接受什么饮料，不会太挑剔，也没有对品牌挑三拣四的意识。现在买饮料，顾客会说：老板，给我拿一瓶康师傅冰红茶、农夫山泉矿泉水。店老板如果给顾客其他品牌的饮料，顾客有权拒绝。

我在加多宝工作时曾经发生过一个小故事。业务员给超市送货，货到的时候刚好老板出去了，老板娘说：“现在老板不在家，不方便结货款，我已经缺货了，能不能把货卸下来，我先卖，你哪天有空了过来拿货款？”还没等老板娘把话说完，业务员马上说：“我先把货拉走，等老板回来了，有钱了，我再过来送货。”一边说一边往车上装货。老板娘气不打一处来，撂下一句话：“老娘从今以后不卖你们家凉茶！”结果没过几天，老板打电话又让业务员送货。我对这件事很好奇，专门过去探个究竟。我和老板娘开玩笑说：“你们不是打算以后不卖我们家凉茶了吗？”老板娘装腔作势地说：“你们牌子大，没办法，有些人过来买饼干，就指定要你们的凉茶，没凉茶他饼干也不买了。”在交易过程中，用户拥有决定权，这就使凉茶也能影响饼干销售。

（2）需求相对稳定性

美国工业协会曾统计过，产品失败45%的原因是没有读懂消费者内心的渴望。很多新产品的失败都是管理者想当然、自我定义导致的。用户层面的需求是相对比较稳定的，需求的本质在用户层面，最终买单的是用户，最终使用产品的也是用户，所以产品起点源自用户的内心。开发产品一定要以用户价值为导向，想清楚产品真正为谁解决问题，解决用户哪方面的问题。产品所要解决的问题一定是用户面临的真实问题，是用户真正想要解决的问题，不是商家想要帮他解决的问题。自我定义产品思维就是商家一厢情愿地想要为用户解决问题，这种思维自然会导致失败。

（3）眼光前瞻性

市场成熟度越来越高，对产品开发的专业度要求也越来越高。很多企业往往缺乏前瞻性眼光，做生意单纯为了赚钱，思维也难免会受短期利益影响。在这种情况下，企业给出的一些建议或意见，会误导产品经理。

总之，在消费主权时代，谁离用户越近，谁就越懂用户，越容易搞定用户。用户思维就是要走进用户的生活，成为用户的知心朋友，读懂用户的心声。不要嘴上说把用户当上帝，最后却成了摆设。要把用户当朋友，只有当朋友你才能与用户交心，这也是近两年粉丝经济、用户运营越来越被重视的原因。

2. 品类思维

品类是消费者购买产品的第一入口，品类思维就是帮助顾客做选择。顾客在购买产品时首先想到的是品类，而不是产品，因为人类的大脑具有自动分类机制。进化论研究的结果：分类机制是人类高效认知世界的一种简化方式。早期就有瑞典生物学家林奈提出的自然分类法：界、门、纲、目、科、属、种。人类大脑的底层机制是相同的，用到消费者行为学里也是相通的，大脑的自动分类功能适应消费者选择的逻辑。

当消费者产生某种需求时，他会按照品类—品牌—品项的逻辑进行选择。消费者口渴了，他首先会想到需要的品类，比如矿泉水、茶饮料、碳酸饮料、果汁、汽水等，比较注重健康的消费者会选择矿泉水。当顾客确定水的品类以后，再好的碳酸饮料、汽水、果汁等都会因为进入不了用户心智而被淘汰掉。大脑的这种自然淘汰，不是因为产品不好，而是品类选择的结果。当品类确定以后，就会进入品牌选择阶段，顾客在多个矿泉水品牌里选择他偏好的品牌，比如康师傅、娃哈哈、农夫山泉、怡宝等。如果他选择了农夫山泉品牌，大脑的思考会自动进入品项选择。在品项选择时他会考虑应用场景，如果图方便，他会购买330毫升的口袋装；如果是家庭用，他会买1.5升的大瓶装；一般情况下，通常消费者会选择500毫升的大众包装。从这个逻辑来看，品类的归属就变得非常重要，如果都无法进入顾客心智，就算你的产品再完美也没有胜出的机会。

从逻辑上看，这一系列流程很复杂，其实大脑跑完整个过程只有几秒的时间，大脑的运转速度远远超过我们的想象。尤其在感情思维层面是靠潜意识在做判断。心理学研究的结果：感性思维的速度是理性思维的3000倍。基于这一基础，我曾为新加坡企业做过一个研究课题，提出“15秒效应”。一般顾客在选择大众消费品时，基本在15秒以内就决定了。当年我在超市里做调研，收集了大量的消费者样本，发现结论是一致的：如果在15秒之内没有打动顾客，后面打动顾客的难度就会加大。根据人的思维习惯，如果超过15秒还没有产生兴趣或予以注意，消费者往往会出现三种负面心理：第一，开始变得越来越挑剔；第二，会对产品的期望值提高，相对满意度就会下降；第三，会反复与其他品牌进行比较，比较的目的就是要找到产品的不足，说服自己的内心不要购买。

（1）大脑机理的1：3：7原则

1代表第一性原则。顾客对具有第一性或唯一性特征的产品情有独钟，这类产品很容易建立天然的品类壁垒。

3 代表大部分人的品类记忆边界。对同一个行业，顾客一般只能记住三个品牌，对其他品牌的印象就比较模糊了。

7 代表人类大脑记忆力极限。任何人能够列出一个行业的七个品牌都非常困难，哪怕他对某个行业非常熟悉。所以如果我们的品牌进入不了前七，基本都是听天由命地活着。

我们在品类定位实操过程中往往会考虑三个重要的因素：品类选择符合企业发展战略方向；品类规模要足够大，只有大池塘才能养出大鱼，泥水沟不可能养出鲨鱼来；依据自身的资源和能力，要能够成为品类头牌，只有成为某个品类的头牌，顾客在想到这个品类时才会立刻想到你。

（2）品类抢位

品类抢位的本意就是抢占新品类先机，即通过品类细分找到品类细分机会点，采用先入为主的策略开创细分新品类。品类的发展演化有三种路径：品类进化、品类分化、品类造化。品类进化就是某个品类发展不够完善，仍有升级的机会。品类分化是指品类范围非常广，存在细分的机会。品类造化是指品类原来的路径很难提升，适合颠覆性创新。

品类抢位有三种机会：

第一种机会：找到被强势对手忽略或无人做精耕的细分行业。有些品类是刚刚兴起，很多行业领导品牌还没有意识到这个品类机会，或者在品类发展的萌芽期，品类规模较小，大企业根本看不上这种品类机会，这个时候往往是后起之秀快速崛起的大好时机。

第二种机会：有人做，但是无人可以强调该品类概念与自己的品牌关系，这种情况往往是新品类刚刚起步阶段，市场竞争完全处于松散竞争状态。很多商家都是默默无闻地做，没有品牌意识。消费者在选择该品类的产品时也不知道谁家是最好的，这种集中度超低的品类后来者也更容易胜出。

第三种机会：品类比较成熟，品牌集中度高，但是品类存在很大细分机会，可以通过品类细分来开创新品类，也存在品类抢位的机会。

3. 用点打面的思维

用点打面就是聚焦核心点，通过核心点来打通产品面。在挖掘需求过程中，我们往往按照聚焦主流用户—主流用户的一级痛点——一级痛点在主流场景下的高频应用的顺序，把这个点做到极致，作为产品的突破点。用这一个极致点来打通整个产品链，带动产品的其他功能和应用。

在实际落地过程中，我们往往从主流用户中筛选领先用户，用领先用户的影响力来带动大众用户。用一级痛点来带动痒点问题，一级痛点先建立顾客信任，然后才可能解决痒点问题。用高频应用带动低频应用，只有用高频应用征服了用户，产生用户黏性，才可能带动低频应用。用主流场景带动多元化场景，让人有某种需求时，随时随地都会想到这个产品，慢慢培养用户习惯。具体模式如图 3-1 所示。

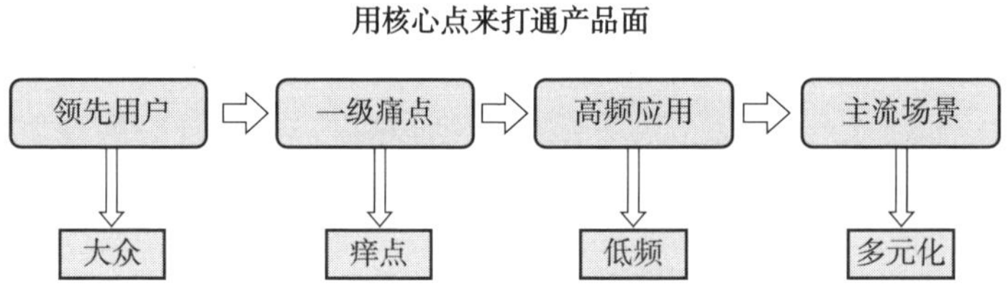

图 3-1　用点打面的思维

在微信没有出现之前，手机通信费很贵，人们往往大事用电话，小事发短信。尤其我们那个时代的大学生，基本都是习惯用短信交流，方便、省钱。短信虽然相对打电话省钱，但是要按字数收费，关键每条短信还有字数限制，一条短信大概 60 个字以内。作为那个时代的穷大学生，发短信感觉好奢侈。微信就发现了这个用户痛点，推出了微信社交软件，就采用一招——Free（免费），对短信来说真是一剑封喉，直接导致使用短信的人数断崖式下跌。微信不仅可以发文字，现在还可以发语音、发图片、发视频，而且一切免费才是撒手锏，最后微信一步步走向今天的辉煌。

4. 整体产品思维

我们在考虑一款产品时必须有整体产品思维的意识，而不是考虑单点。最早提出整体产品概念的是美国营销大师科特勒，他把产品分为三个层次：第一层是核心产品，就是产品的核心应用功能；第二层是形式层，就是大家能够看到、摸到、直接感觉到的内容，比如外观、品牌、质量、包装、产品形态等；第三层是延伸层，延伸层更侧重于售后服务内容，比如免费送货、免费安装、资金授信、账期、以旧换新等。随着营销学的发展，一些营销学者又提出潜在产品，就是关于产品线未来的延伸方向等。我们做产品至少要思考三个层次，不能只考虑单点，很多产品的失败都是基于单点考虑，或叫点子产品，只源自老板的一个想法，缺乏整体产品思维，导致产品的高失败率。整体产品思维与新人类的需求层次是一致的，如图 3-2 所示。

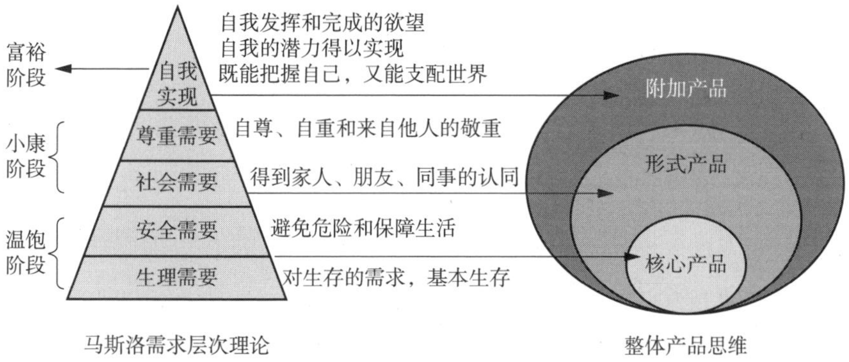

图 3-2 整体产品思维

宜家家居就是采用了整体产品思维。宜家家居核心产品功能设计有讲究，从外观到用户组装体验，每个环节都是精心设计过的。其用户体验设计从售前就已经开始了，你去宜家买家具，营业员不着急给你推销，而是先让你体验他们家具的舒适度，所以宜家提出让顾客在宜家店就要有家的感觉，服务要有仪式感。据了解，他们现在的服务又提高了一步：宜家店里有体验馆，顾客要买他们的床，可以在体验馆里过夜，感受一下他们的床是否舒服。如果你感觉他们的床不够舒适，直接走人，他们绝对不会拦你；如果你很满意，现场下单，随后他们会派人送货上门，一站式服务到底。后期他们还有售后的贴心回访、家居保养，让你下次买家具的时候第一个想到的就是宜家家居。

5. 产业生态思维

过去很多企业家认为企业间的竞争本质上是产业链的直接竞争，很多企业强调产业链，一些行业领头企业为了提升自身的竞争力，采用全产业链经营模式，通过全产业链协同效应提升企业竞争力。现在各个产能都过剩了，产业链竞争优势显然没有那么明显了。过去产业链的优势在于你需要的东西有可能买不到，自己拥有全产业链，就可以通过内部产业链协同效应来弥补自己的短板；现在产能过剩，买不到配套的商品或服务这种情况已经不存在了，所以当下更需要产业生态思维。

产业链思维与产业生态思维本质的区别在于产业内的循环赋能效应。产业链是单向循环、单向赋能。比如，肉制品企业属于产业链模式，从种猪繁育、养殖、屠宰、深加工，沿着产业链的发展规律自上而下发展，下游是为了承接上游的业务或者是上游的业务延伸，产业链没有回路赋能或者说反向赋能效应很低。

产业生态模式最大的优势是有回路赋能效应，产业生态各个环节之间是双向赋能，相互导流、相互赋能。最有代表性的就是阿里生态，阿里生态包括淘宝系（含天猫）、支付宝系、菜鸟系、阿里云系四大子系统，四大子系统之间是相互赋能的（见图 3-3）。淘宝系掌握客流，支付宝系掌握资金流，菜鸟系掌握物流，阿里云系掌握信息流。第一次循环是按照产业链自上而下的循环：淘宝承接交易职能，用户通过淘宝入口下单，然后由支付宝承接支付职能，再由菜鸟物流承接物流职能，最后所有的客户交易信息、支付信息、物流信息全部汇总到阿里云平台，形成阿里云大数据，第一个闭环就算完成了。阿里云拥有大数据来反向给淘宝、支付宝、菜鸟赋能，提升协同效率。淘宝购物算法推荐系统，根据用户购买记录给用户推荐关联性产品。淘宝算法的基础是阿里云的数据和算法，同样通过阿里云数据对用户进行信誉评价，发放个人消费贷；消费者用消费贷再去淘宝购物，买东西用支付宝支付；云数据赋能菜鸟物流，物流信息实时在线化让消费者随时清楚自己购买的产品现在处于什么状态，何时能够到达，消除顾客的焦虑感。

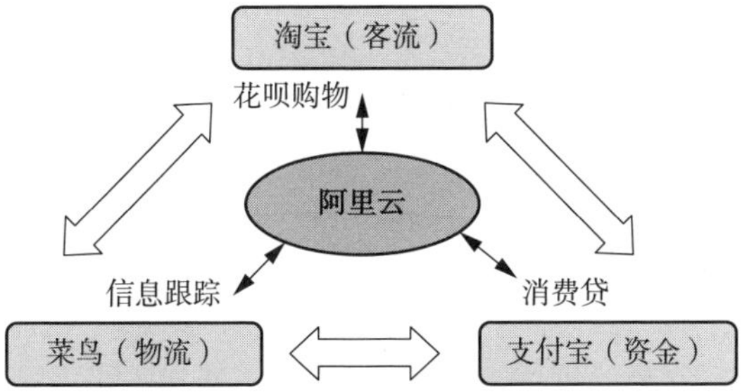

图 3-3 阿里生态模型

华为也在构建自己的通信产业生态，通过基站搭建通信基础设施，然后以华为手机作为导流入口，将基站信息、手机信息上传华为云，形成云数据，最后通过华为硬件+华为云计算，实现智慧城市。

现在做管理咨询、企业培训也是采用产业生态模式，单一的业务模式面临的生存压力越来越大了。培训业务往往是个流量入口，通过培训为咨询导流，再通过咨询深化客户关系，对企业有个深度的了解，为下一步的投资赋能。很多做投资的都知道，投资失败 90%以上是因为信息不对称性，你不知道企业的坑在哪里，没投资前觉得企业很完美，钱投进去了才发现企业满身是病，很多企业病一时半会儿又没法治，意识到的时候已经来不及了，所以就用咨询来给投资业务打补丁。投资人可以通过咨询进行风险管理，咨询刚好与投资形成优势互补，因为咨询公司是帮企业解决问题的，甲方为了占便宜，往往会把小病说成大病，把简单的病说成疑难杂症，就是想尽一切办法让你帮助他多解决一些问题。当他把所有问题都暴露出来的时候，咨询师也就对这家企业有了更多的了解。如果你是投资人，只通过投资尽职调查是很难挖掘到这些问题的，上市公司对调查人员往往都是“报喜不报忧”的。同时，我在投资和咨询领域积累了很多成功的方法论，通过培训也可以有效地输出这些方法论，这就是培训、咨询、投资的生态链模式。

在落地实践上，我们一定要着眼企业战略，知道企业战略优势在哪里，应该在哪里扎根，寻找好的土壤，这个土壤就是构建生态的基础。思考以下问题：自己的生意处在产业生态链的哪个位置？产业生态链依附于哪个经济体？这个经济体周期处在哪个阶段，是上升趋势，还是下降趋势？经济体规模有多大？未来的增长机会在哪里？产业生态链控制点在哪里？企业战略对产业链的控制力如何？

早期做外贸容易赚钱，是因为外部生意搭载了出口拉动的经济体，前几年中国的出口额特别大，所以做外贸的生意都不错。过去 30 年中国很多富豪都是做房地产出身的，因为房地产赶上了中国投资拉动的经济体。互联网红利爆发是搭载了互联网经济体。未来的产业机会应该是以数字+消费升级的经济体为主基调，企业应该以这个经济体为导向来构建产业生态，这就是产业生态思维的价值所在。

第二节 爆品开发的四大原则

1. 顺势原则

顺势原则顾名思义是遵守行业发展趋势，我把它概括为：明道取势，顺势而为。我最早接触这个概念是在北大读书时，那个时候投资学老师一直给我们强调一个观点，做投资一定选择左侧交易，而非右侧交易。左侧是产业周期的上升通道，右侧是下降通道。有人也曾问过雷军这么多年来做企业最大的感悟是什么，雷军最后总结俩字——“趋势”，必须顺势而为。

买过婴幼儿用品的可能知道国内有家知名的企业叫“孩子王”，孩子王的前身是一家卖电器的区域品牌。熟悉电器零售业的人都知道，这个行业竞争非常激烈。据说五星电器的老板汪建国当年困惑的时候曾跑去美国取经，有位资深的成功者告诉汪建国：任何产业都是有自身发展规律的，做生意一定要选择产业周期的左侧，而非右侧，通过年复合增长率可以判断产业周期。他听到这句话突然顿悟了，意识到家电行业处于产业周期的右侧，母婴用品在产业周期的左侧。他经过深思熟虑后就把五星电器卖给了美国百思麦，自己带着原来的老部下做起了母婴用品，后来证明他的判断是对的。母婴用品是高频需求，儿童奶粉、辅食、尿不湿每周买一次；做电器生意，卖一台电器，顾客用半辈子都不一定会换。所以做爆品一定要选对产业并了解品类发展趋势，这是成功的必要条件，其中品类趋势更为重要。

2. 战略导向原则

开发爆品一定是基于企业战略，绝非投机。换句话说，开发爆品一定要落在企业发展战略线上，产品是企业战略线上形成的一系列点。如果企业开发爆品像脚踩西瓜皮，滑到哪里算哪里，不但产品开发成功率低，而且对企业资源消耗大，内部协同效率低，更不利于企业资源积累和核心竞争力的沉淀。我管理产品十多年，有失败的案例，也有很多成功的案例。我通过总结发现，只要是靠机会主义立项的新产品，80%都是失败的；成功的产品90%以上都从企业战略出发，有计划、有节奏地推进产品开发。

做爆品一定要有战略眼光，找到具有长期战略意义的大机会，而不是做个投机分子追求短期赚快钱。国内很多企业，尤其是民营企业很喜欢追求大而全，看不上小而美，缺乏战略规划，像风一样做产品，看到机会就想抓。老板拍脑袋，研发人员拍胸脯，销售人员拍屁股，最后机会不但没有抓住，反而消耗了很多企业资源。

华为是世界著名的公司，也是华夏基石咨询集团多年的老客户，我曾研究过华为的产品线战略，发现华为每个产品都是有战略规划的，最终都是落在华为的战略方向上。华为战略就是把通信生意做好，聚焦在通信领域布局不同的产品线，从基站到电脑，最后到手机。在房地产的暴利时期，任正非先生经得住诱惑、耐得住寂寞，坚决不做房地产。最近几年新能源汽车、电动汽车很火，国内很多大企业都跃跃欲试，任正非也没有动心。华为的战略定力和任正非的坚持也成就了华为今天的王者地位。

3. 第一性原则

第一性原则就是追求行业的头牌，成为品类的代表者。因为在产能过剩的时代，消费者只能记住第一或唯一。

我做培训时经常会做一个测试，问大家世界上最高的山峰是哪一座，90%的人都能回答出来是喜马拉雅山脉的珠穆朗玛峰；当我问大家世界上第二大高峰时，只有10%的人能够回答出来是“乔戈里峰”，这些人都是喜欢旅游的人。第一性原理告诉我们一个道理：十样会不如三样好，三样好不如一样绝，绝到无人替代、无人能够模仿，自然就能得天下。GE前董事长杰克·韦尔奇当年给GE定下前三名战略：要么成为前三，要么死掉。根据这前三名战略，GE甚至把发家的电器业务都卖掉过，选择一些确保能够进入前三的新兴领域，如医疗领域、金融领域。杰克·韦尔奇曾一度使GE成为世界上市值最高的公司。

根据产业竞争规律，在行业内做不到数一数二，就会沦为不伦不类。我曾有一位客户一心想做多元化，他的企业经营范围涉及食品饮料、房地产、保健品、美容美发等。企业盲目多元化的结果就是到处踩坑。最后他自己总结一条经验：进入哪个行业，哪个行业不行。他自己都快成为行业克星了，却从来不去反思这是不是盲目多元化的结果。

做投资的人最怕资金刚投下去，企业就开始多元化扩张。这也是我过去做投资换来的血的教训。后来我选择投资对象，只要一看企业经营范围涵盖金融、互联网、休闲娱乐等，再好的项目一概不投。有句俗话说得非常好：一个人无法赚到他能力边界之外的钱。聚焦在自己能够做第一的领域去开发爆品，才是成功的王道。

4. 差异化原则

差异化原则的本质就是突出不同，在定位理论里有一个核心观点：不同胜过更好。美国经济学家张伯伦、哈罗德·霍特林曾在企业竞争优势中提出：差异化是企业获得竞争优势的一个重要途径，差异化可以弱化竞争、降低顾客价格敏感度、提升产品溢价能力。

过去我做产品时，经常向我的团队强调一个观点：不怕产品没优点，就怕产品没特点。在琳琅满目的产品堆里，在各种红海竞争中，如果产品没有特点，就会被竞品轻而易举地淹没掉。哪怕是绿叶堆里一点红，都可能是产品成功的引爆点。差异化实操落地往往从以下几个维度找切入点：品类差异化、概念差异化、功能差异化、包装差异化、原料差异化、工艺差异化、形态差异化、服务差异化等。

很多年轻人都知道北方有个著名的培训学校叫“新东方”，新东方专注英语培训，英语课就是新东方的爆品，新东方校长俞敏洪曾是北大老师，而且新东方做得还不错，早期到美国留学的大部分学生都曾踩过新东方的门槛，这是俞敏洪过去经常“吹牛”、值得骄傲的地方。后来又从北大走出来一个小师弟张邦鑫，张邦鑫创立了“学而思”培训学校，张邦鑫深知自己在英语培训行当里干不过大师兄俞敏洪，他就选择了一条差异化产品路子做数学培训。大家产品不冲突，张邦鑫机智地避开了大哥的强项。大家上午去新东方培训英语，下午来学而思培训数学。新东方和学而思最后都在美国成功上市，这就是差异化战略的意义。

第三节　爆品成功的三大根基

万事万物发展的驱动力都源自根基的牢固性，任何事物脱离根基都是无本之木，同样，爆品开发也需要三个根基来支撑。爆品成功建立在三大根基上：用户原始认知与价值联想、痛点与刚需、体验场景和体验习惯。

1. 用户原始认知与价值联想

（1）用户原始认知

用户原始认知和价值联想是开发爆品的第一个根基，是提炼产品概念的原点。人是有情感的动物，有了情感就会产生情绪，情绪的产生受认知和价值联想影响。比如一个人对某个事物的认知是正面的，就会表现出积极的情绪；一个人对某个事物的认知是负面的，就会产生消极的情绪。一个人的认知与个人成长经历有关，是经过长期的积累和沉淀形成的，所以我把它称为原始认知。原始认知是根深蒂固的，不会轻易改变。所以做产品不要指望能够改变消费者的原始认知，否则会付出很大的代价。原始认知就是在不需要做任何解释的情况下，顾客的第一印象。在 15 秒内，你留给顾客的第一印象非常重要。我把它称为打动顾客的 15 秒效应。

原始认知又分为清晰认知和模糊认知。清晰认知就是不需要多做解释，顾客就能非常明白。顾客往往对自己熟悉的品类都会有清晰认知。模糊认知就是顾客不太清楚，需要经过解释才能明白。当年王老吉做凉茶时，提及凉茶这个品类概念。广东人都知道凉茶是什么，因为广东人夏天有喝凉茶的习惯；温州人对凉茶也有清晰的认知，因为温州人号称中国的犹太人，在广州做生意的人特别多；早期北方人对凉茶饮料的认知就比较模糊。所以凉茶企业早期市场主要集中在广东和温州等一些区域，通过广告宣传才逐步走向全国市场。

关于认知的研究还有两个核心观点：第一个观点是，在认知的世界里不同认知层次的人对同一事物的认知是不同的。城里人和农村人生活在不同的环境里，对同样的事情就会有不同的认知角度。城里人去菜市场买菜更偏好购买排骨，因为城里人认为排骨的营养价值比肉更高，所以城市里排骨价格往往比肉贵；而农村人认为肉的营养价值更高，排骨就是骨头，吃一半扔一半，感觉非常不划算。所以同样的价格，农村人会更偏好购买肉。第二个观点是，一个人的认知不会超越他的眼界。认知的形成是基于个人经历和视野，所以一个人的经历和眼界往往决定了一个人的认知高度。井底之蛙对天的认知是：天只有井口这么大。鸟告诉青蛙天是无边无际的，青蛙打死都不信。因为青蛙每天抬头看到的天只有井口这么大，这就形成了青蛙对天的认知，所以才有“不与井蛙语海”这句话。这就是关于认知的理论基础。

（2）价值联想

价值联想分为正面联想和负面联想。正面联想是指顾客能够想到什么好处；负面联想是指顾客能够想到什么坏处。顾客看到某个事物会先联想到什么？想到的好处多还是坏处多？是先想到好处，还是先想到坏处？这些都是需要深入研究的。同样，认知和价值联想是一致的，先有认知再形成价值联想。提及雷锋同志，人们的认知就是经常做好事，小学课本上都讲过雷锋出差一整天，好事做了一火车，所以人们对雷锋有了正面的认知，自然就会联想到他的好处。提及强盗，大家自然会联想到无恶不作的坏蛋。搞清楚原始认知和价值联想是做产品的基础。

2. 痛点与刚需

做营销的人经常说：关注顾客需求，从顾客需求出发。其实很多人没有思考过，需求从哪里来。需求源自痛点和痒点，由于顾客感受到了痛和痒，想消除痛和痒，就会延伸出顾客需求来。所以顾客需求是分层次的，一级痛点才会延伸出刚性需求。一级痛点和高频刚需尤为重要，是做爆品的第二大根基。

比如，一个人有几根白头发，他会觉得无所谓，不会对生活产生影响，所以他就不会着急，不着急就没有刚需。如果一个人患了阑尾炎，这个病非常痛苦，没法拖延，必须马上治疗，这就是刚需。所以抓痛点和刚需是设计产品功能的根基。如何去判断是否高频呢？这个在实操过程中看起来比较难，其实也是有方法的。我看一个产品是否存在高频刚需，会从两个方面去判断：一是用户是否愿意在这类产品上花时间或者看用户愿意花多少时间，是否能够让他上瘾。如果用户不愿意在一个产品上花时间，他一定不会在上面花钱。二是产品是否方便携带，越方便携带，使用的频度越高。看看身边的产品就知道了，座机和手机哪个产品的使用频率高？手提电脑和台式电脑哪个产品使用频率高？结果不言而喻。

3. 体验场景和体验习惯

体验场景和体验习惯是开发爆品的第三大根基。体验场景和体验习惯往往是很多产品经理比较容易忽视的一个关键要素。做爆品一定不能脱离用户体验场景和用户习惯，尤其是高频的应用场景非常重要。

我原来服务一家做宝宝水的企业，他们的产品经理就坐在办公室里想出来一款产品创意，把产品包装做成细长条形状，美其名曰“苗条装宝宝水”。我在走访超市时发现别的产品都是放在货架上，而他们家的产品都是放在地上，明显有违产品陈列的常识。他们负责超市业务的业务员很委屈地说：“不是我们不想放在货架上，也不是超市不愿意放在货架上，关键是这个苗条装瓶子设计得太长了，远远超出货架的高度，产品放不进货架啊！”所以设计产品一定要以高频应用场景为基础，在关键细节设计上还要符合用户体验习惯。

我原来一个做饮料的客户，做一款固体茶饮料——茶粉，这种茶粉直接用常温水冲泡即可饮用。我问这款常温冲饮的茶饮料与康师傅、娃哈哈、统一等茶饮料有什么区别，他说口感没什么区别，只是我的茶饮料需要自己冲泡，他们的茶饮料拿起来就可以喝。这个回答基本可以给这个固体茶饮料判死刑了。因为液态茶饮料的消费模式就是即饮消费，买一瓶随时打开解决口渴问题，而不是买一杯茶粉，再找个有水的地方劳心费神地自己冲泡。关键是口感没区别，客户体验还超级差，这完全不尊重顾客的体验习惯。后来真被我言中了，这个产品上市一年基本没有动销，最后当赠品送给顾客都没人要。你不尊重顾客的体验习惯，顾客就不会给你面子，顾客是最容易用脚投票的群体。

第四节 爆品成功的八大影响要素

影响爆品成功的八大要素是过去我做的一个学术科研课题，通过大量数据调研和严谨的实证分析得出，具体见表 3-1。

表 3-1 影响爆品成功的关键要素

序号	外部因素	内部因素
1	市场需求（91.3%）	产品质量（83.8%）
2	市场规模（71.3%）	营销能力（73.4%）
3	行业技术变革（35.3%）	产品差异化（71.1%）
4	顾客购买力（34.1%）	品牌知名度（62.4%）
5	行业竞争强度（81%）	服务水平（83.9%）
6		产品价格（37%）

资料来源：根据实地调研资料整理。

我根据实地调研得出的影响爆品成功的关键要素包括市场需求、产品质量、服务水平、行业竞争强度、营销能力、市场规模、产品差异化、品牌知名度。从实地调研中发现，大家都在拼价格，其实价格在顾客看来根本不是最重要的因素。如果前八个要素没有做好，企业最后很容易陷入价格竞争。接下来我们来解析这八大关键要素的一些重要内容。

（1）市场需求

市场需求的重要性无须过多介绍。美国工业协会曾统计过关于产品失败的因素，发现产品失败大多数是因为需求把握不准，具体情况见表 3-2。

表 3-2 产品失败原因

产品失败原因	百分比（%）
需求判断失误	45
技术趋势失误	20
研发失败	12
制造失败	8
管理不善	10
销售失败	5

（2）产品质量

很多人理解产品质量都是仅限于产品功能，其实产品质量是指一个产品的整体质量，不只是产品性能好就代表产品质量好。产品质量还包括包装、外观形态、服务等。比如，产品包装破损了也属于质量问题；3C 产品要求三包服务，服务也是质量的一个构成部分。

（3）服务水平

体验经济时代，消费者对服务的要求越来越高。过去消费者购买商品更看重使用价值，产品能用就可以；进入消费升级时代，消费者对产品的要求不只是停留在使用层面，还追求好用、好玩、惊喜的综合体验。未来做产品要把服务作为一个非常重要的因素纳入整体产品设计。我曾做过调研，问顾客去海底捞吃饭，哪个菜品能够留下深刻的印象。结果显示，海底捞菜品差异很小，几乎没有差异，顾客反馈最多的是海底捞的服务和其他餐饮不一样。海底捞的拉面与别家没有差异，但是那个做拉面的师傅一边跳、一边甩拉面的画面会给顾客留下深刻的印象。

（4）行业竞争强度

竞争强度决定自己有没有机会进入某一个市场，竞争越激烈，竞争强度越大，越容易陷入红海竞争，获利也就越难。企业可以通过市场集中度和市场细分度来判断市场竞争强度。竞争强度是一个相对的概念，有些行业市场集中度非常高，整个行业几乎处于寡头垄断的阶段，对后来者来说很难进入。所以一定不是竞争强度低就有机会，应根据不同的情况来对待不同的问题。市场细分度越高，往往竞争越激烈。

（5）营销能力

我所研究的营销能力往往是指多个方面的综合营销能力，主要体现在市场研究能力、渠道能力、营销团队、销售能力、服务能力、新品开发、产品策划能力、营销创新能力等多个方面。我们提到营销能力的时候一定不能局限于销售能力，而是一个综合能力的概念。

（6）市场规模

市场规模也是爆品成功至关重要的一个影响因素，如果市场规模很小，产品就难以做大。市场规模是做爆品的基本前提条件，泥水沟里永远养不出鲨鱼来。市场规模越大越容易做出爆品，因为爆品有个基本要求就是海量需求。

（7）产品差异化

如果你的产品与竞品相比，有明显的不同，价格就可以卖高一点，这个高出的部分就是差异化带来的溢价。哈罗德·霍特林在《霍特林理论模型》中提出，产品差异化可以有效降低需求的价格弹性和市场竞争，从而获得竞争优势。美国著名经济学家张伯伦提出，中小企业要获得竞争优势，产品差异化是主要途径之一，产品差异化可以满足市场多样化的需求，差异化可以使企业获得垄断力量。周琪琪采用实证分析得出：同一质量下，同类产品差异越大，价格弹性越小，企业调价的空间越大；产品差异越大，消费者偏好程度越高。在实际操作中，从产品角度和客户维度来看，产品差异化可分为产品自身差异化和客户认知差异化。产品自身差异化是指产品内在功能、外在形式、服务等与竞争者相比存在不同之处。何文波在研究整体产品与产品差异化时提出，技术成熟产品一般采用形式性产品差异化，新兴产品一般采用实质性产品差异化。客户认知差异化是指客户主观认为的产品不同之处，产品自身真实性差异不一定等同于客户认知差异。

产品差异化一般从形式差异化、质量差异化、性能差异化、服务差异化、促销差异化、渠道差异化、价格差异化、概念差异化等不同的维度落地。

（8）品牌知名度

有品牌知名度的产品自带流量，同类产品中，有品牌知名度的产品就可以卖高价，这个多出的利润是由品牌溢价带来的。过去伊利QQ星在浙江金华的一个企业做代工生产。这家代工厂的老板有一次接受媒体采访时，面对镜头诉苦：我们的儿童奶卖0.9元还没人买，伊利QQ星的价格高出一大截还供不应求。企业要想获得高利润，一定要走品牌之路，靠价格战永远走不远。

第五节 爆品开发语言与流程

1. 爆品开发两种语言

在实际开发产品过程中，往往会采用两种语言来做产品：一种是技术语言；另一种是营销语言。在实战中两种语言是相互结合使用的，二者从不同的维度来解决问题。接下来我来解释一下两种语言的使用方法。

（1）技术语言

技术语言可以简单理解为产品技术，用技术语言往往是解决产品功能层面的问题，所以技术语言的应用更侧重于有形的产品，比如产品功能、产品形态、产品质量稳定性、保质期、产品质量等。技术语言是一种更理性的语言。

（2）营销语言

营销语言更侧重感情层面。前面我提到过，人的感性思维比理性思维运转速度更快，营销语言更侧重产品概念、产品定位、产品包装、产品卖点提炼等感性层面。有时候技术语言解决不了的问题，可以借助营销语言来解决。所以技术语言和营销语言是统一体，不可能分开使用，二者是相辅相成的。

过去在果汁领域有个老大难的问题一直得不到解决，就是果汁沉淀问题。果汁行业老大汇源果汁曾在北方叱咤风云，但是遇到果汁沉淀问题也一直没有很好的解决办法。后来南方有个饮料企业做果汁，也遇到了果汁沉淀问题，其对标北方老大哥的100%果汁，做30%含量的低果品类果汁，虽然果汁含量少，但还是未能解决沉淀问题。南方老板从技术上找不到突破口的时候，就打迂回战术，想到了采用营销语言来解决果汁沉淀问题。其在行业首先提出来喝前摇一摇的卖点诉求，就是告诉消费者果汁就是应该沉淀的，果汁沉淀是自然状态。通过营销语言，顾客慢慢接受了果汁沉淀，在认知上慢慢认同了真果汁就是要沉淀的逻辑。几年前我曾为新加坡企业主导研发一款果汁，通过悬浮剂技术解决了果汁沉淀问题，果汁呈现悬浮状，看上去非常漂亮，当时命名“果滨飞”，诉求点是“好喝看得见”。当时我感觉产品概念、产品命名、卖点提炼、包装设计等都非常完美，产品上市后销量曾一度高歌猛进，达到一定周期后增长出现拐点。当时我就组织市场调研，去深度了解顾客为什么不买这个产品了，最后调研的结果令我难以置信：顾客的反馈是果汁不应该是沉淀的吗？不沉淀的果汁肯定有添加剂，不敢多喝。可见，“喝前摇一摇”的宣传已经深入顾客内心了，顾客已经达成果汁沉淀的共识了，这就是营销语言的魅力所在。

还有一个经典案例就是加多宝公司运作王老吉，从降火药到预防上火的凉茶，通过营销语言让销量翻了上百倍。

过去王老吉被当作降火药卖，卖了10年销量也就1亿多元，因为消费者对药的认知是“是药三分毒”，所以用药是讲究剂量的，每天饮用不能超剂量，这就决定了它的销量无法快速增长。后来加多宝公司通过营销语言，把降火药改为预防上火的凉茶饮料，饮料是没有剂量约束的，后来又植入喜庆元素——“吉庆时分喝王老吉!”同一款产品，靠营销语言改造后，销量翻了近200倍。我在加多宝时，仅温州市场就做了7亿多元，台州市场4亿多元。在温州、台州地区，王老吉慢慢从火锅店场景进入喜宴场景。温州有摆喜宴的习俗，为图个吉利，每桌先摆10罐王老吉，慢慢王老吉成为摆喜宴压桌习俗必选产品。温台地区还有回礼的习惯，回礼每个人一箱12罐的王老吉，这个需求场景就变得非常广阔。

2. 爆品开发流程

爆品开发流程如图 3-4 所示。企业以发展战略为导向，从市场调研出发，通过市场调研挖掘用户痛点与需求；然后通过调研报告评估进行新品立项；立项完成后就组织各项工作筹备；研发初始产品，以及进行初试产品市场测试；市场测试完成后会做定点试销，进行产品修正；最后通过前面的一系列操作和产品打磨，根据试销数据来评估产品的成功率，组织大规模销售。接下来对爆品开发流程做详细的说明。

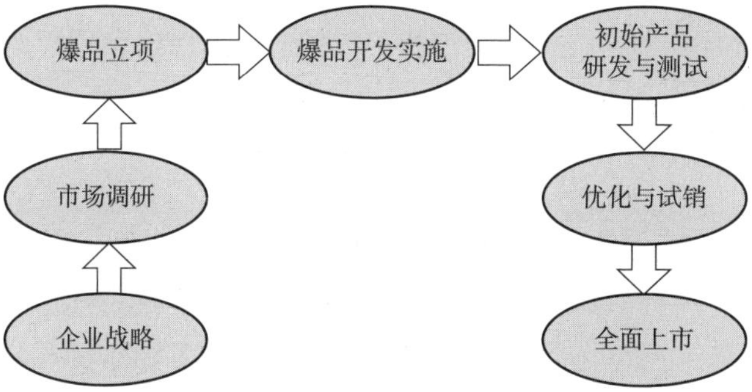

图 3-4 爆品开发流程

(1) 第一阶段：市场调研

市场调研往往从五个方面来展开：宏观环境、行业发展、竞争者、消费者、企业核心竞争力。

1) 宏观环境调研。

宏观环境调研包括政治法律、经济发展、科学技术、社会文化四个方面。

政治法律：包含政治环境、法律约束、国际关系、国家竞争力等方面。很多做市场研究的人，往往会忽视政治法律环境的研究，感觉政治与自己关系不大。从微观来看好像是如此的，或者说只要遵纪守法就可以了，其实如果想把企业做大、做强、做出影响力，就一定要关注政治法律因素，因为国家的政治法律因素可以一票否决，这个杀伤力还是非常大的。尤其涉及海外市场的跨国公司，对一国的政治法律更要仔细研究，一国政局不稳对企业发展影响很大，不懂法律法规可能让一个企业家功亏一篑。

经济发展：这里经济发展是宏观的概念，分析经济发展，要有宏观视野，包括产业结构分布、产品链的深度和广度、产业发展周期等，还要了解国家的产业政策导向，包括国家支持发展什么行业，限制发展什么行业，国家新的经济政策会带来哪些问题和机会。这些都是需要研究的宏观因素。

科学技术：技术是第一生产力，我们看一个产业发展前景，技术趋势也是一个非常重要的因素。研究技术面可以从两个方向进行：一个是国家战略导向；另一个是行业领导品牌的技术研发导向。第一看国家技术战略导向，就是看国家战略资金投在哪个领域。比如我国的芯片、大数据、工业互联网等领域，国家都做了非常大的战略投入，显然这些革命性的技术是未来的方向。第二看行业领导品牌的技术研发导向，很多行业技术的发展都是有头部引领的。

社会文化：社会文化也是非常重要的因素，比如你需要了解当地人的宗教信仰、消费主力人群的消费观念及社交习惯的改变等。研究社会文化分为两个方面：一个是主流文化；另一个是亚文化。随着消费群体的变化，主流文化和亚文化也会发生改变。

2）行业发展调研。

我们常常把行业发展研究归于中观因素的研究，过去对行业的研究，往往从以下几个方面入手：

产业结构分析：包括整个产业结构是由哪些细分领域构成的，行业存量规模多大、年增幅多少，产业集中度高低，产业细分度如何，产业核心环节在哪里，产业存在哪些机会点和威胁，行业发展瓶颈等。这些内容都是关于产业结构的要素。

行业周期分析：包括这个行业是属于周期性行业还是非周期性行业；这个行业处于产业发展周期的哪个阶段，是起步阶段、成熟期，还是衰退期等；行业需求特征是刚性需求还是非刚性需求；行业集中度如何；行业未来的发展趋势如何；行业吸引力如何。

行业壁垒：行业壁垒是研究一个行业进入门槛和退出门槛有多高。进入门槛和退出门槛越高，说明行业壁垒越强。有些行业进入门槛很高，退出门槛也很高，这个行业竞争就比较低，一般小企业无法进入；有些行业进入门槛很高，退出门槛很低，这类行业是最好的选择，因为进入门槛高就自然淘汰一批竞争者；还有些行业进入门槛很低，但是退出门槛很高，进入比较容易，就会吸引更多的人参与进来，竞争就会变得非常激烈，一旦进入，退出又比较难，就只能在红海中展开肉搏战。

行业成功要素：企业要了解进入这个行业需要具备哪些要素，自己是否已经具备，或已经具备了哪些要素，不具备的要素应该如何解决。很多做企业的在进行多元化扩张时，都没有考虑这个因素，一头扎下去后才发现遇到的困难比想象中大得多。行业成功要素包括技术、资金、人才、渠道、产品、品牌、服务等。

3）竞争者调研。

竞争者调研，一般只需要了解行业主要领导品牌是谁，找到行业前三名领导品牌。具体要了解以下问题：

①近三年主要竞争对手的市场策略及变化情况。

②近三年竞争对手市场策略对市场造成哪些影响？

③主要竞争对手的优势和劣势体现在哪里？

4）消费者调研。

消费者调研包括以下方面：

①本行业需求的本质是什么？

②主要用户是谁？

③用户画像分析：群体特征、年龄、职业、偏好、消费观念、体验

习惯、购买力。

④用户的认知度如何？

⑤用户购买行为习惯是什么？

⑥用户存在哪些痛点和高频刚需？

⑦用户消费动机是什么？

⑧用户购买关注点在哪里？

⑨用户使用场景及习惯。

5）企业核心竞争力调研。

企业核心竞争力就是对手不具备、不可模仿的能力或对手可以通过模仿来实现，但是模仿的成本远远高于自己。如果企业没有领先优势和核心竞争力，就很难确立行业领导地位。

企业核心竞争力调研包括以下方面：

①企业自身有哪些优势？核心竞争力体现在哪里？拥有哪些独占性资源？

②企业自身有哪些劣势？未来发展存在哪些制约瓶颈？

③企业在过去发展过程中，沉淀了哪些核心竞争力？

综合以上宏观环境、行业、竞争者、消费者以及自身情况，最后形成调研结论。调研报告是产品立项的决策依据。

（2）第二阶段：爆品立项

根据调研结论编制申请立项报告，立项报告要对调研结论做一个阐述，以书面形式提交爆品开发立项报告。具体内容可参考附录一：《爆品开发立项报告》。

（3）第三阶段：立项论证及项目正式实施

立项报告经公司内部高层的论证、审议通过后，提交爆品正式立项书，立项书中有明确的职能分工、项目验收标准、责任人、完成时间以及考核细则。各项目组负责人必须签字确认，签字确认非常重要，通过书面确认更有利于项目推进。立项书签字后，由项目经理进行整体推动和协调项目进程。具体内容参考附录二：《爆品开发管理项目书》。

（4）第四阶段：初始产品研发与测试

爆品初始产品研发与测试阶段，也称为爆品开发的实施阶段。先做1.0产品的研发工作，然后投放到市场进行测试，看用户对产品的反应度。根据用户反馈的数据和顾客意见进行产品改进。一般市场测试周期为1周到1个月。

爆品测试有一个关键点，在做市场测试时最好选择互联网平台，因为网络反馈意见比较迅速，而且有真实的数据可随时参考。

（5）第五阶段：产品优化与定点试销

企业根据顾客反馈数据和意见对产品进行优化，二次优化后的产品可以作为正常产品选择特定区域、特定渠道进行市场试销。试销按照正常的销售流程进行，在试销阶段要持续关注产品销售数据、顾客反馈意见，用试销来测试市场的真实反应，也是让产品在特定区域内常态下销售，检验是否有不足的地方。如果产品仍有不足的地方，在试销阶段就会充分暴露出来，把风险锁定在试销区域，即便有问题也不会给公司造成太大的负面影响。试销周期一般是3~6个月，根据不同的产品确定试销周期。试销时间太短看不出效果，试销时间太长会浪费时间，还可能被对手模仿，失去引爆的最佳窗口期。这个时间没有严格的规定，最严谨的方式是让产品经历整个销售周期，比如经历淡旺季，明确顾客对这个产品的需求周期，找到需求的峰值和低谷，为后期做产品推广提供决策依据。

（6）第六阶段：批量规模化常态销售

经过试销检验，产品经受住了市场的考验，从市场接受度、产品质量的稳定性等各个方面都认为比较完善，就进入一个常态化的销售阶段。

爆品打造流程在实践中基本都是按照上述六个阶段来实施的，但是根据不同的行业、不同产品的复杂程度，在时间节奏上可能会有所不同，甚至流程也会有所调整。从严谨的角度看，这六个阶段每一个环节都是不能缺少的，因为经过实践的多次检验，每一个环节都有存在的价值和作用。有些环节是为了提升效率和精准度，有些环节是为了控制风险。看起来流程复杂会降低效率，其实减小犯错的概率才能更快达到目的。

第四章

爆品整体设计

扫码购买本书配套课程

第一节　品牌定位

中国人讲究人过留名、雁过留声，品牌也主张要给消费者留下美好的记忆。这种美好的记忆就是靠品牌定位来实现的。品牌定位一定要根据品类属性，找到顾客对品类和品牌认知的空白点，采用先入为主的策略进行。也就是说，消费者心智中还存在未被竞争对手占领的空白阵地，自己才有“插足”的机会。

投资大师巴菲特经常会提到商誉这个无形资产。他为什么这么看重商誉？商誉的本质就是品牌价值。企业品牌价值是不计入账面资产的，但是会通过市值反映出来，通过市场给投资者带来超额回报。所以大家经常会看到品牌公司真实的市场价值远远高于企业的账面资产价值，这就是巴菲特看重商誉的原因。

1. 定位策略

如何进行品牌定位实现品牌的保值和持续增值呢？在了解品牌定位系统之前，我先分析品牌形成的底层逻辑：品牌的核心是“特色”，特色的保证是“文化”，文化的渊源是“历史”，历史的传承靠“故事”，故事的灵魂是“人物”，人物的传颂靠“功德”（见图 4-1）。

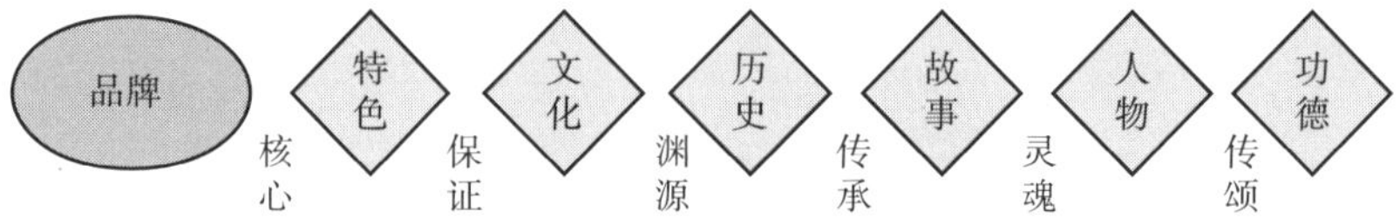

图 4-1　品牌背后的底层逻辑

用通俗易懂的话来说，就是一个好人，做了一件好事，用他的光荣事迹作为品牌的传播载体，以讲故事的方式让后人为他传播品牌文化。

就拿中国传统节日中秋节来说，中秋节的特色就是吃月饼，而这个节日习俗的背后就是“嫦娥奔月”的传说。现在年轻的“90 后”“00 后”时尚达人想改变这种固有认知是非常难的。做品牌必须以顾客心智为中心，也就是说，顾客心智认知是创立品牌的起点。不要指望改变消费者的原始认知，否则会付出很大的代价。关于顾客心智有两个核心要素：一个是原始认知，另一个是价值联想。把握清楚顾客原始认知和价值联想是品牌成功的基本前提。关于认知与联想前面我们已经介绍过了，在这个基础上我们来探讨做品牌定位的两种策略：顺势定位和对立定位（见图 4-2）。

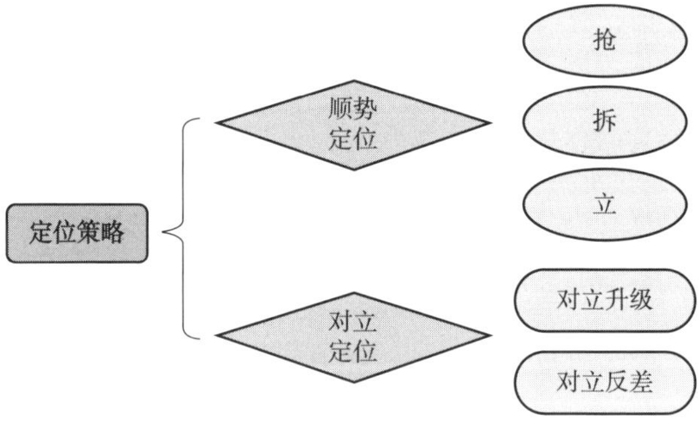

图 4-2　定位策略

（1）顺势定位策略

顺势定位根据不同的情况有三种具体的操作方法：抢、拆、立。在讲述顺势定位方法之前，我先把顺势定位的适用前提条件说明一下：顺势定位一般适用于品类集中度较低的行业。

◆ **抢**

前提条件：有品类认知，无品牌归属，往往适合采用“抢”的方法。即被强势对手忽略的行业或无人做精耕的细分行业，没人刻意强调该品类与自己品牌的关系，具备这种品类特征就采用抢的定位方法。我们在实践中有一个量化指标就是行业前三名合计市场份额不超过30%。

实操要点：找到顾客已经接受的品类特征和品牌特征的关联点，抢的策略就是先入为主抢占顾客第一心智源，建立顾客对品类的认知价值点与企业品牌的强关联性，并率先强调该品类与自己品牌的关系，让自己的品牌代表这个品类。因为顾客对该品牌已有清晰的品类价值认知，不需要进行品类教育。由于从来没有哪个品牌刻意强调自己与该品类的关系，在顾客心智中没有一个独特的代表品牌，就给后来者提供了机会。

早些年到北京来的外地人都知道北京烤鸭很出名，但是那个时候企业缺乏品牌意识，消费者也不清楚到底哪家的北京烤鸭才是正宗的。基于当时的北京烤鸭市场状态，全聚德意识到品牌的力量，比较早地对北京烤鸭进行品牌化运作。他们早期的广告语提出：到北京，不到长城非好汉，不吃全聚德烤鸭真遗憾。慢慢地，全聚德的品牌知名度提高了，还在北京前门开了实体店。全聚德早期就抢到了北京烤鸭品类代表的先机，取得了一定的成功。

◆ **拆**

前提条件：有品类认知，有品牌归属，这种情况就采用“拆”的策略。也就是说，顾客心中已有清晰的品类认知，也有强势品牌能够代表这个品类，并获得了顾客的认可，这种情况就适合采用细分定位法，把大品类拆分为细分品类。让大品类为细分品类背书，然后把自己塑造成为细分品类的代表者。饮料行业类目繁多，包括茶饮料、果汁、碳酸饮料、运动饮料等，消费者对每个大品类都有清晰的认知，不需要厂家去刻意进行宣传。而且饮料品类竞争非常激烈，从茶饮料到碳酸饮料都有品类的头部企业。王老吉就通过拆的策略找到新的突破机会，从众多饮料品类中聚焦茶饮料，在茶饮料中康师傅有冰红茶、冰绿茶，王老吉就从茶饮料中拆出了凉茶细分品类。他们早期的诉求主张：怕上火，喝王老吉。通过广告宣传，王老吉曾一度成为凉茶品类的代表者。同样，在休闲食品领域，家禽类消费是一个很大的市场，在这个市场里绝味公司通过品类细分占住了“鸭脖”品类，江西煌上煌公司主打“鸭掌”品类，现在这两家公司都发展成为上市公司。我们在实战中有一个判断指标：前三名合计市场份额超过65%，就说明品类集中度非常高了。

实操要点：就是在大品类前面加细分定语，通过细分定语对品类进行拆分，然后进行品类分类、排序，并进行市场测试，找到顾客能够接受的细分品类特征来实施品牌的细分定位。

◆ 立

前提条件：无品类认知，无品牌归属，往往采用“立”的策略。这种品类往往是新品类或顾客比较陌生的品类，顾客对品牌的认知非常模糊或基本不了解。

实操要点：立就是用自己的品牌个性或产品特征去给该品类定义一个清晰的属性，用自己的优势来定义品类标准。用自己的品牌特色给品类打标签，让品类等于自己的品牌。通过立品牌、定标准，让顾客模糊的品类认知变得更加清晰、更有确定性。立的策略在落地过程中一定要先搞清楚自己的优势，明确自己的品牌主张，基于品牌价值主张去定义品类属性。

立的策略在医疗、医药行业中比较常见。医疗行业新产品往往是通过一个企业开发一种新药或医疗器械，会以企业的优势起草新药的标准、定义品类，然后报备国家相关管理部门审核。审核通过后，这家企业标准就会慢慢成为品类的标准，或者这家企业会参与起草行业标准。

帮宝适纸尿裤产品在早期的推广也非常艰难，尤其是在日本市场。帮宝适纸尿裤早期的广告诉求是：让妈妈更省事、少操心。但是日本家庭文化和西方家庭文化不同，日本的家庭主妇很多时间是花在家里的，比如照顾孩子、照顾老公。在日本，一个产品宣称让妈妈更省事，让妈妈少操心，日本妈妈就找不到存在感了，所以帮宝适纸尿裤在日本刚上市时一直不温不火。后来，帮宝适发现这个诉求非常适合中国家庭文化，中国妈妈会把少操心当作一种骄傲。帮宝适纸尿裤在中国推广成功后，就成为纸尿裤品类的代表品牌。

（2）对立定位策略

以上我介绍了顺势定位的三种落地方法，接下来我们谈谈对立定位策略。在讲对立定位策略之前，同样需要先把对立定位的前提条件讲清楚。对立定位策略一般适用于行业集中度比较高，已经出现品类代表者，并获得顾客认同的行业。对于这种情况，后来者不能硬来，只能借助领导的优势借势发力。对立定位根据不同的情况也有两种方法，包括对立升级定位和对立反差定位。

◆ **对立升级定位**

前提条件：行业已有强势品牌，但是领导者存在明显缺陷，给后来者留下侧翼攻击的机会，这种情况适合对立升级定位。

实操要点：可以借助行业老大的影响力发力，用自己的优势补足领导者的缺陷或短板，进行优势升级。万事万物皆有弱点，深挖对方的致命弱点，进行针对性的侧翼攻击，也是后来者在竞争中胜出的一条路径。在洗发水领域，某个国外品牌主张其产品功能是去屑，另一个品牌就在其基础上强调“去屑不伤发”，在功能完美度上明显高一个层次。

◆ **对立反差定位**

前提条件：行业已有强势品牌，而且领导品牌足够强大，不存在明显缺陷，后来者找不到侧翼攻击机会，只能退而求其次，采取对立反差定位。

实操要点：反差策略也就是一种反常规思维，通过反差给顾客造成心理冲突，引发顾客好奇心去关注品牌。蒙牛创立时给自己的定位是内蒙古第二，第二的定位引发了别人的好奇，因为很多企业动不动就称自己要做行业第一，中国第一，甚至世界第一。蒙牛的目标是做内蒙古区域品牌，也只追求第二的地位，梦想是不是不够大呢？现在回顾蒙牛发展的整个历程，你会发现早期内蒙古第二的定位是比较接地气的。因为当时内蒙古有伊利老大哥在那里，蒙牛说自己是内蒙古第一，也不会有人相信，还会给自己招来麻烦。确立内蒙古第二的定位，然后一路狂奔，跑出火箭式的发展速度，成就了蒙牛今天的行业地位。

（3）定位策略成功实施的三个关键环节

以上重点介绍了两种定位策略的思想和落地方法，为了保证定位方法在实践中的有效性，在实际操作时有三个关键环节显得特别重要。

要充分考虑品类集中度与细分度：往往品类集中度、细分度越低的行业越容易成功；反之则不易成功。

要充分考虑顾客认知：消费者已有清晰的原始认知，只是未被激活，一定不要做陌生创新。企业选择的定位不能让消费者感到模棱两可，消费者被搞得稀里糊涂，最终销量也必然会一塌糊涂。

我有一个朋友曾是福建某家烘焙企业的产品负责人，烘焙品类成熟度相对比较高，所以他做了一款蛋糕，定义为“非蛋糕”。这个品牌定位表面上看起来是一种创新，但是对消费者来讲就会比较模糊。消费者会提出疑问：不是蛋糕到底是什么？这个定位没有给消费者传达一个清晰的品类特征，消费者无法对它进行品类归类，所以后期也一直不温不火。

能够快速建立正面价值联想：品牌定位一定能够最先与消费者建立正面联想。如果消费者看到某个品牌首先想到的是不好的因素，或不好的因素大于好的因素，一般也比较难成功。

2. 品牌基因

做品牌首先要把品牌基因塑造好，其次才是考虑如何传播。如果品牌基因都没有塑造好，投放再多的广告也是浪费，所以我们经常看到有的品牌广告如猛虎，却没有什么效果。我们往往会从五个方面来塑造品牌基因：品牌旗号、品牌名号、品牌商号、品牌口号、品牌故号。接下来针对五个品牌基因逐一进行分析。

（1）品牌旗号

品牌旗号也可以理解为品牌愿景，就是你的品牌最终要达到什么高度。很多企业做品牌都号称要做百年品牌、老字号品牌等。不管做不做得到，梦想是有了，把品牌大旗立起来了，有了品牌大旗就有了方向，企业就会朝这个方向去努力。现在很多网红品牌就是缺乏品牌旗号，所以很容易速生速死，火起来很快，消失也很快。品牌旗号规划有一个关键点：一定要与企业愿景保持一致。你的企业未来要走向哪里，品牌也要走向哪里。品牌愿景和企业愿景可以理解为企业使命的两种不同的呈现方式。

（2）品牌名号

品牌名号就是给品牌起个好名字，好名字对品牌非常重要，否则顾客记不住，也不易传播。再有雄心的品牌如果不能给顾客留下一个深刻的印象，都不是好品牌。

我有一次去江苏盐城出差，向一位大叔打听当地的美食。那位大叔说我们这里有一家特别地道的海鲜馆，而且是一家百年老店。我们问他饭店叫什么名字，位置在哪里。那位大叔想了半天也未能把饭店全名说清楚。我当时就反思这件事情，这么好的口碑，就因为记不住名字而失去生意，这岂不是一个天大的笑话？

所以名号是一个非常重要的因素。关于品牌起名的方法，仁者见仁，智者见智。从我多年的经验可以给出几条品牌命名的建议。

◆ **直接强调产品的差异化价值或功能**

让顾客不需要解释就能一目了然。例如满婷皂、舒肤佳香皂、飘柔洗发水、香飘飘奶茶等，顾客从名字上就能够理解产品的属性或特征。

◆ **一语双关法**

音同字不同或音同意不同，既能描述出产品的属性、特点或功能，又符合消费者的心理需求。例如：宅小脆（宅男、宅女，而且产品很酥脆）；姜小白（生姜，白色的，又是很萌的人名）；非同寻肠（不一样的香肠，还代表一种人生观）；轻松点（酥脆点心）等。总之，一语双关从单个字意或合起来的字义能够表达产品特点和消费者内心需求。

◆ **利用人的逆反心理**

利用人类爱“挑剔”的心理或“逆反”心理，故意写错字或利用错误的记忆点。例如：上面画六个环，名称写五环餐厅。我有个朋友开店，故意把店头上的一个字写成错别字，每个顾客走到他的店门口，看到那个错字都会评价一番，他的传播效果就有了。

◆ **利用生活俗语和成语的谐音与产品属性建立关联**

生活俗语和产品属性或消费者情怀有关联点。例如：逗你丸（大豆丸子）、轻松点（肉松丸子）、丸来丸去（肉丸子）等。

（3）品牌商号

品牌商号就是商标，具有强记忆点属性的标识都可以成为商号。商标和品牌名字一样，是构成品牌非常重要的符号。在广告界，商标号称

“视觉锤”，能让顾客看上一眼就留下深刻的印象。商号有不同的形式，可以是文字、图案，也可以是卡通形象，只要是有利于顾客识别和记忆的符号都可以作为商标。商标设计原则是简单，越简单识别度越高，越有利于顾客记忆。因为人类的大脑喜欢简单，不喜欢复杂。一些代表性的商标符号如图 4-3 所示。

图 4-3　商标例图

（4）品牌口号

品牌口号也就是常说的广告语，在做品牌规划时，口号一定不能少。我们经常听到一些耳熟能详的广告语，潜移默化地影响着我们的购买行为：“怕上火，喝王老吉”“农夫山泉有点甜”“只溶于口，不溶于手”“经常用脑，多喝六个核桃”“味道好极了”“我们是大自然的搬运工”“钻石恒久远，一颗永流传”……但是我们从来没有想过这些广告诉求是不是真的。广告界也流传着一个观点：认知大于事实。这就是广告语的魅力。

我提炼广告语通常会遵守几个原则：能够清晰表达出产品的卖点；简洁、容易上口；内容要有内涵；还有一个重要的原则就是合法性、合规性。在合法性上，我提醒企业家和广告从业者，未来国家对广告的监管会越来越严格，审核也会更加严谨，做产品宣传时一定不能踩红线。国家对不同行业都有硬性规定，比如，食品不能宣传功能、香烟不能做广告、不能对小学生做广告等。

我们提供广告语一般结合三个点：顾客关注点、产品卖点、社会热点。三者结合在一起，传播的势能才能足够大。先提炼产品卖点，知道要传播什么内容。然后去研究社会热点，因为社会热点有借力效果，关联社会热点就有了曝光度。最后去研究顾客在热点下最关注什么。这三点结合提炼一个传播点，天时、地利、人和就都具备了，传播效果也会更好。在这三个原则下我们有具体的提炼方法。

◆ **功能诉求法**

功能诉求法重点强调产品功能或价值，让顾客了解产品可以用来解决什么问题。这种方法往往是从顾客痛点入手，然后植入品牌。“感冒，一粒起效”就清晰表达了能够快速治疗感冒的功能诉求，类似的还有“猴菇饼干养胃”“嗓子不舒服，草珊瑚含片”等。你会发现功能诉求法遵守一个特定的规律，即根据问题来强化功能。

◆ **情感诉求法**

情感诉求法就是利用同理心或身份共情来激发顾客情绪，从而产生品牌忠诚度。例如，从“百事可乐，新一代的可乐”，看得出百事可乐是为年轻人而生的，更迎合新一代的年轻人，通过群体切割来区隔可口可乐。“小小瑞士糖，欢乐齐分享”也是迎合年青一代。情感诉求法成功的一个关键点是：在顾客对该品类和产品比较熟知的情况下，更适合走情感路线。如果顾客对产品属性和功能不了解，做情感诉求失败的概率就会极大。早期王老吉先是打降火功能，等消费者都熟知凉茶是可以降火的以后，它开始慢慢转向情感诉求：“吉庆时分，喝王老吉。”如果消费者的认知还是停留在“王老吉是降火的药，而不是降火的饮料”，王老吉的情感诉求法就大概率会失败。因为吉庆时分应该是很欢快的氛围，在这种欢快的氛围下，喝降火药显然是不合适的。

◆ **数字表达法**

数字更加理性，理性的数字也更有说服力，所以把卖点转化为具有冲击力的数据更能打动顾客。但是数字表达法采用的必须是官方或权威第三方证明过的数据，是可信的数据。例如：某酱油强调晒足 180 天，给人的感觉是酱油晒的时间越久可能越好；舒肤佳香皂有效杀菌 99.9%；养乐多 100 亿活性益生菌；奶茶杯子连起来绕地球 7 圈。这些都是通过数据把产品卖点表达得淋漓尽致。

◆ **关联类比法**

关联类比法是通过关联类比与类比对象建立积极联想，能够想到该产品的特征或好处。有一则广告这样说：60 岁的人 30 岁的心脏，30 岁的人 60 岁的心脏。通过这种对比，突出这个保健品对心脏是有好处的。我曾接触过一家做旅行箱的企业，其强调自己旅行箱的轮子是 360 度旋转的航空轮。提及“航空”二字，消费者立刻想到高大上、耐磨性好，所以那款旅行箱卖得特别好。做关联事物类比有几个关键点：

①类比对象与自己的产品具有一定的“关联性”，这样才可能建立起联想，丝毫没有关系难以建立联想。

②对类比的事物已有清晰的认知，且是积极正面的认知。

③选择的类比事物最好是具有第一或唯一性特征的事物。

◆ **信任状背书法**

通过信任背书能够增加品牌的可信度，尤其是面临竞争或大家差异性不大的时候，这个时候更需要信任状背书来获得顾客的认同感。有些品牌会强调正宗，并通过非物质文化传承人的身份背书来证明自己的正宗。

（5）品牌故号

一个好品牌源自一个好故事，通俗来说，品牌故号就是品牌故事。

一个有故事的品牌，通过故事能进行持续传播。人往往更喜欢听故事，这是人的天性。我们做品牌宣传时经常强调用讲故事的方式来给消费者讲道理。作传神的品牌故事文案是有规律的，接下来我拆解一下品牌故事的写作手法。

先提出一个价值主张，根据价值主张刻画人物角色定位和人物画像。价值主张和人物确定后，为品牌故事的开端制造一个悬念，有了悬念顾客才会想看个究竟。在故事情节中制造“冲突与反差”，一波三折推向“高潮点”。过程中的冲突与反差要突出“情节与细节”，通过情节和细节展示，扣人心弦。结尾给出意外的结局，最后出现的结果都是事与愿违的或者是悲剧结尾，只有悲剧结尾才能给读者留下遗憾，有了遗憾才能够吸引更多的人去关注。

杭州有个中药铺叫胡庆余堂，我相信很多人都听说过，也是做中药材生意的百年老字号。其实胡庆余堂的故事就是红顶商人胡雪岩的一部家族兴衰史和功德史。

看过红顶商人胡雪岩传记的人都了解胡雪岩的家族盛衰史。胡雪岩小时候从安徽去到浙江做药材生意，慧眼识才资助少年王有龄读书。王有龄后来做了湖州知府和浙江巡抚，知恩图报，在湖州期间给胡雪岩提供帮助，让胡雪岩经营丝绸和钱庄生意。胡雪岩通过王有龄这条线，后来结识了朝中大臣左宗棠，也获得慈禧太后的赏识，慈禧太后还赏赐过胡雪岩黄马褂。所以胡雪岩的前半生顺风顺水，官运、财运亨通。读过历史的人都知道左宗棠与李鸿章不合，李鸿章要断了左宗棠的财路，所以胡雪岩就成了牺牲品。胡雪岩临死前就提出一条要求，所有钱庄、丝绸等生意都可以不要，只希望把胡庆余堂留下来，用于济世救民。胡雪岩用一生的积蓄来保住了胡庆余堂，胡庆余堂也成了胡雪岩留名青史的功德。

从胡庆余堂的品牌故事中你会发现：它有人物，就是胡庆余堂的老板胡雪岩；它的价值主张就是济世救民，承诺“真不二价”；故事情节一波三折；最后的结局也是悲剧。

3. 品牌基因评价标准

品牌基因好坏，决定着一个品牌能否做成功，它有一个相对量化的评价标准。我们在品牌管理实践过程中，往往从以下几个维度去判定品牌基因：

识别度：简单、易识别、易记忆，强调差异化，突出特色。

记忆度：能够留下什么印象，记住什么核心要素（记忆点）。

认知度：符合正面心智认知，能够产生心智共鸣（客户认为你是什么）。

联想度：根据记忆点顾客会快速建立积极的品牌联想，消费者看到品牌会想到什么好处，能否刺激产生行动。

内涵度：品牌富有内涵，具有一定的象征意义。

排他性：能够获得法律保护，如能够申请注册商标，起到保护自己知识产权的作用。

4. 品牌规划七步骤

结合以上品牌定位体系与品牌基因体系，我们再做个总结，梳理出品牌规划的七个步骤，这七个步骤也是企业做品牌诊断和品牌规划经常会用到的一套逻辑和方法。

（1）第一步：品类定位

前面我提到过品类是消费者购买的第一入口，所以品类选择是做产品规划的起点。品类定位需要解决以下关键问题：

1）品牌具有什么品类属性？代表什么品类？根据业务范围界定品牌代表的细分品类。

2）品类存量规模与未来趋势，以及品类发展背后的驱动要素。

3）品类顾客认知度：顾客是否有清晰的认知？

4）品类联想：顾客能够联想到什么？

5）品类细分度和品类集中度：是否有机会切入？

（2）第二步：品牌特色定位

品牌特色定位是指品牌具备什么特色或不同，特色背后的品牌文化内涵、象征意义是什么。品牌特色、文化内涵来自两个方面：一是源自创始人的初心；二是从产品中自然生长出来的。

◆ 品牌源自创始人初心

回归到品牌的起点，看当初是在什么情况下创始人创立这个品牌的。回顾品牌发展的历史，就能找到品牌内核原点。

◆ 品牌是从产品中自然生长出来的

中国的很多品牌都是源于早期做了一款好产品，从第一个产品开始进行品牌化运作。产品卖火了，品牌就起来了。

（3）第三步：品牌核心价值定位

品牌特色具备什么价值？价值主张是什么？根据产品能够兑现的功能或企业使命来确定品牌核心价值。

（4）第四步：信任状确立

顾客凭什么相信你有这种特色和独特的价值？这就需要找到支撑价值的信任状。

（5）第五步：品牌传播点提炼

根据第一性原理提炼品牌价值主张，提炼一个能够打动人心的独一无二的传播点，进行聚焦传播。

（6）第六步：场景化的互动点设计

根据场景特征设计一个沟通互动点，互动点是与消费者沟通的方式。把互动点放到顾客消费场景中，与消费者进行互动，以此来活化传播点。

（7）第七步：品牌壁垒设计

品牌特色、价值是否很容易被替代？别人的替代成本是否远远高于自己？产品壁垒越高，对手模仿越难，品牌的溢价能力也就越强。

接下来我拿一个真实的草香猪案例来诠释这七个步骤在实践中是如何落地的。

品类定位：提及草香猪，消费者马上想到的是吃草长大的猪，会很快建立一个正面的联想。

品牌特色：吃草、喝山泉水长大，这就是香草猪的特色。在大众认知中，猪都是吃饲料长大的，对吃草的猪的认识是健康的、绿色的。

品牌核心价值：美味、香而不腻。

信任状确立：中国院士参与研发，有基因改良、自建牧场等一系列的背书，提高顾客信任度。

传播点提炼：30年前的香。去菜市场买猪肉的都是大妈居多，都经历过30年前的清贫日子。30年前大家都是吃家养的猪，那个年代不可能给猪喂饲料，都是去田间挖草喂养。那时候的猪肉鲜香流油，令人至今记忆犹新。

场景化的互动点设计：在超市生鲜区、菜市场门面做产品的品鉴推广，吸引众多消费者参与进来。

品牌壁垒建立：从源头基因改良及种猪繁育、养殖、屠宰，在全产业链建立壁垒，让对手难以模仿。即便对手模仿，这个全产业链建设过程都是重资产投入，需要庞大的资金、时间，短时期很难做到。

这就形成了一个高端品牌，对手很难找到切入点，无从下手参与这个品类的竞争。

第二节　产品占位

产品占位是根据品牌个性、特色以及品牌演绎故事进行产品线规划，品牌承诺和品牌个性必须与产品功能和产品特色利益点保持高度的一致性。在产品线中找出一款最能体现出品牌特色或个性的产品作为品牌的载体，通过该产品的特色利益和有效功能把品牌承诺的价值表现出来。例如，品牌承诺是安全、健康，做出来的产品一定要环保、质量过硬，而不是假冒伪劣商品，这就是产品占位。

1. 产品占位三要素

（1）产品品类占位

产品属于什么品类？例如主食类（解饿）、代餐零食类（解饿又休闲）、零食类、消费品类、工业品类等。品类越具体，产品占位就越清晰。这在上面品类内容中已经阐述过。

（2）产品价值占位

该产品有什么核心功能？能够为客户解决什么问题、带来什么好处？这几个问题就能体现出产品的价值。

（3）产品卖点占位

产品的价值可能是抽象或模糊的，要把产品价值提炼为一句更具体的广告语，行业把它称为产品卖点。

那产品卖点怎么提炼呢？我们有一套卖点提炼 4C 法则，也就是从四个维度来分析、提炼产品卖点，即从竞争维度（Competitor）、企业维度（Company）、顾客维度（Customer）、信任维度（Credentials），分别提炼产品的差异点、价值点、利益点、利益支撑点。

从竞争维度挖掘产品的差异点：挖掘差异点也可以从不同的方面入手。例如，原料特色——你的选材与别人不一样的地方；工艺特色——生产工艺与别的工艺不一样的地方；包装特色——你的包装形式与别人不一样；文化特色——地域特色风情、历史典故、人物传奇故事；消费者内心情怀——消费者内心想要的是什么，代表什么时代元素。

从企业维度挖掘价值点：你这种差异或特色能够帮助客户解决什么具体问题？这就是企业提供的产品价值。

从顾客维度来挖掘顾客利益点：企业提供的这些价值到底对顾客有什么好处？价值和利益严格来讲不是一回事：价值是站在企业的角度来看企业能够提供什么价值；利益是站在顾客的角度，顾客能够从产品中获得什么好处。

从信任维度来挖掘利益支撑点：顾客凭什么相信你能够提供这种价值或好处？顾客最相信什么、最相信谁？通过实事佐证让顾客相信企业的确能够提供这种价值。行业通常会通过真实案例、荣誉资质、获奖证书等作为背书材料提升信任度。

当年我们开发特仑苏产品，当时中国人的生活水平不像现在这么高，牛奶就是一种奢侈品，一般家庭很少喝，牛奶的消费模式都是走亲访友当作礼品。所以当时蒙牛就提出让中国人每天喝一斤奶。那个时候奶业的标准蛋白质要求达到 1.0 以上，如果低于 1.0 只能称为乳饮料，不能叫牛奶。基于这个背景，蒙牛就决定开发一款针对送礼消费的高端奶特仑苏，差异点就是含 3.3 克乳蛋白，这个标准远远超过发达的欧美国家。价值点提炼：蛋白质含量高预示着营养价值高。利益点：根据当时的礼品消费模式，提着特仑苏送礼显得高端、大气、上档次。信任状背书：特仑苏牛奶上市就获得了世界级的 IDF 大奖，而且奶源来自北纬

45°黄金奶道的专属牧场。这些信任状背书，是为了让顾客相信它是高品质的牛奶。

产品有了卖点其实还不够，关键是如何让顾客感知到这个卖点给他带来的好处。产品可感知最有效的方式就是卖点可视化。根据产品独特卖点和效果特征，设计冲击力强的视觉化方案，通过视觉冲击让顾客感知到产品价值。

2. 卖点可视化原则

卖点可视化是我在帮助安徽一家上市国企做咨询时提出来的一个概念。研究发现，人类获得信息的来源中，视觉途径占83%，听觉途径占11%，其他途径合计占6%。由此来看，视觉是人们获得信息的主要来源，所以把卖点转化为可以看得到的价值，是打动客户非常重要的一种方式。脑科学研究发现，人的感官系统和原始认知决定人的行为和判断。所以人更相信他看到的东西，而不相信他听到的东西，即眼见为实、耳听为虚。这就是卖点可视化的依据。

◆ 卖点可视化三大原则

第一，突出不同。挖掘与众不同的价值点，即具有独一无二的核心卖点。不求更好，但求不同。

第二，效果见证。顾客能够直接感知到产品的价值或好处。如果产品的价值不可感知或感知性非常差，这个卖点可视化的冲击力就会大打折扣。

第三，比较效应。找到卖点价值锚，通过对比见证来突出产品的差异化价值和优势。哪怕自己做得不完美也不要紧，你只需要比对手做得好就可以打动顾客。

我们来回顾一下：上学的时候，你认为成绩排在前三名的同学压力大，还是排在后三名的同学压力大？从逻辑上讲，好像是后三名的同学压力大。经过调查发现：实际上是排在前三名的学生压力更大，压力最大的就是第一名。排名靠前的学生上升空间很小，搞不好就退步。其实后三名的同学满意度往往非常高，因为他们的进步空间非常大，很容易获得成就感。

3. 卖点可视化方法

如何做好效果可视化？有几种落地方法我拿出来与大家共享，这是平时我在做产品咨询中经常用到的几个撒手锏。

（1）直接效果可视化

直接效果可视化，顾名思义，就是把产品效果直接呈现给顾客，让顾客直接看到或感知到产品的好处。

适用条件：见效快且操作简单的产品，无须借助其他辅助工具，通过产品体验很快就能够看到效果，效果显现的时间越短越好。

操作要点：拿产品或样品让顾客体验，使其能在体验过程中看到真实效果。

我曾经做过一个除草剂的项目，陪同公司的销售人员走访市场做调研，发现销售人员在给农资商介绍产品时讲了很多专业术语。其实农资商都不是工科出身，根本听不懂，我也不是学化工的，听着也懵懵懂懂。我实在受不了就打断他，问了一句话：打下去多久能除草？他说中午2个小时以后就能看到效果。我马上让农资商找来喷雾器，我们把随身带的样品倒进去，就在店前路边找一堆杂草多的地方打下去。3个小时以后，那片草已经枯萎了。懂除草剂的人都知道，除草剂是强酸，加上中午太阳晒，打完以后很快就能看出效果。当农资商看到效果以后，就会心服口服，认同产品。这就是效果可视化的魅力。

我们做产品推广时，一定要让顾客看到效果或价值。我特别强调一点，直接效果可视化的成功前提是：产品一定是见效快且能够识别的，而且这个效果点一定是顾客特别关注的痛点。如何判断顾客最关注什么呢？与顾客切身利益相关的点基本是他最关注的事。

我曾为一家户外照明企业做咨询，当时他们打算竞标一个大项目，问我如何才能在竞标过程中脱颖而出。我问他们产品有什么优势？他们给我列举了很多优势，比如光效好、外观好看、节能、防水性好、耐高温、安全性高、核心部件独立研发、服务好等。我想政府招标项目，安全性一定是第一位的。与安全性有关的产品要素就是防水性、耐高温性，因为户外照明灯都是常年经受风吹雨淋、太阳曝晒，防水性和耐高温性就特别重要。至于其他要素，并不是第一位的。我就抓住防水性和耐高温做卖点可视化。我让他们找个电磁壶加满水，然后把灯丢到水里，慢慢加热，一直烧到 100℃。这是在模拟户外的最恶劣的天气环境。结果水烧开后，灯还是亮的，连续测试三次确定没有问题。招标那天，公司的人现场演示了一遍，然后说，我们的户外照明灯有一流的防水性和耐高温性。招标方最后现场宣布他们家中标。

通过这个案例，我获得启发：可视化卖点一定是购买方最关注的优点，而不是优点越多越好。

（2）感知效果可视化

感知效果可视化是指产品的某种好处能够让顾客通过听觉、味觉、触觉等其他感官来体验到。

适用条件：通过视觉无法分辨好坏，只能通过其他感官体验来感知的产品。

操作要点：分析产品特征和价值，找到一个可以通过非视觉感官直接感知到的差异或好处，这个要素符合客户认同的好标准。

我曾经给一家汽车公司做咨询项目，我问他们销售总监：你们家的车和别人比有什么不一样？他说拿最简单的来说吧，我们家车门是整块钢板铸造的，车门是乘车人的生死出入口，需要确保安全性更高。别人家的车门大多是三块钢板焊接的。可是车门喷上烤漆，谁能分辨出来哪家是整块钢板铸造的，哪家是三块钢板焊接的呢？然后我就研究这两个车门的差异。我无意中关上车门，发现整块钢板铸造的车门发出“砰”的一声，声音很厚重，听起来就有安全感；三块钢板焊接车门发出“啪”的一声，听起来很轻薄。我让他们的销售给客户介绍车的特点时突出安全，强调他们的铸造技术，最后通过进行对比，让顾客直接去感知这种不同。后来证明这种对比效应非常明显。

我们逛超市时经常看到很多食品企业在卖场做产品试吃、免费试喝等各种形式的产品体验，其实就是通过体验来突出产品的差异。

(3) 道具效果可视化

当产品卖点无法通过人类的感官直接感知时，就借助辅助工具来展示产品的卖点，这就是道具效果可视化。

适用条件：操作复杂或无法通过感官直接感受到效果，需要借助专业工具来判断好坏的产品。

操作要点：制作一种简单的专业道具来替代复杂的产品，把产品全部或部分功能植入道具中，借助道具来呈现产品功能。

我原来在北京做一种处理甲醛的光触媒技术涂料，这种技术卖点无法直接感知到，推广难度非常大。后来我们就想到做一个甲醛的检测仪器，用我们的产品之前先用检测仪器去房间里做甲醛检测，当然那个甲醛数据非常吓人。用完产品后再检测一次，甲醛含量就大大降低了。通过前后的数据对比让顾客看产品效果。农夫山泉推出弱碱水，他们做产品推广时，每瓶水都绑一个 pH 试纸，根据 pH 试纸的测试结果来证明水的弱碱性。

我曾有个朋友做硅藻泥涂料。做过建材的人都知道，这个行业竞争很激烈，而且产品同质化严重。他做的硅藻泥涂料有环保功能，这种环保材料还处于市场培育阶段，消费者无法感知到环保效果，他就让我帮他提提建议。我建议他买几条泥鳅回来，用硅藻泥养起来，如果泥鳅一直活着，就证明这个硅藻泥的确是环保的。等顾客过来时，就把这个活蹦乱跳的泥鳅给顾客看，告诉顾客泥鳅天天泡在硅藻泥里面都没事，顾客就会相信这个材料真的环保。

(4) 效果集中可视化

把产品效果在同一个时间或同一个地点集中给顾客展现出来，就是效果集中可视化。

适用条件：适用见效周期长、操作复杂的产品。

操作要点：选择在产品效果最佳时期，策划效果见证活动，进行集中效果展示，证明产品效果。

我们在做农资项目时经常用到这种方法，因为农产品是有生长周期的，而且这个周期非常漫长。所以做农资的企业都会做示范田，选择庄稼长势最好或丰收的季节邀请种植大户观摩示范田，行业统称观摩会。

过去除草剂行业也经常用到效果集中可视化方法，把用过除草剂的和未用过除草剂的田地进行效果对比，让农民集中到田地里参观，眼见为实。打过除草剂的田地杂草很少，未打过除草剂的就杂草横生，甚至杂草盖住了庄稼，通过这种效果见证来促使农户购买。

(5) 差异点可视化

产品具有明显的差异化特点，就把差异点凸显出来强调产品的效果。

适用条件：产品卖点效果不明显或好处难以感知到，但是产品很有特色，这就需要突出这种差异化特色来获得顾客认同。

操作要点：找到的这个差异点一定要比较明显，能够引发正面联想，对顾客产生一定冲击力。但是追求差异化时一定要避开差异化陷阱。这个差异化陷阱就是：差异点一定是对客户有价值的，不能为了追求差异化而刻意去强调毫无意义的差异点。

小罐茶的创新，其实走的就是一种差异化路线。过去茶叶的销售模式都是大包装按斤卖，小罐茶就做小包装，按罐卖，强调小罐茶更方便、颜值更高、品级更好，走精品路线，从而获得了成功，年销售量突破20亿元。

我曾有个朋友做女性内衣，他按照常规的方法，把内衣分成A、B、C、D、E五个不同的型号，然后每个型号做出四种不同的颜色，一款普通的内衣做出20个单品。他在上海有个竞争对手，上来就做一种单品，叫无钢圈内衣，强调无钢圈更舒适，抢了他的市场份额。还没等他缓过神来，上海又出来一个竞争对手，只做一款产品叫“无尺码”，其实就是背心。这种无钢圈、无尺码的内衣，适合不同年龄、不同场景、不同职业的人穿。因为无尺码采用同一种款式、同一种布料、同一批工人，布料批量采购，规模化加工，工人熟练程度更高，所以成本大幅下降，最终赢得了市场。

（6）企业实力可视化

企业实力可视化，就是企业具有独占性资源或其他核心竞争力时，把企业实力重点呈现出来。

适用条件：当产品效果不明显，又没有差异化，但是企业具有一定的实力和特殊背景时，可以让企业为产品背书，提升客户信赖度。尤其是多元化经营的集团企业。

操作要点：挖掘出企业的亮点、能够体现出企业实力的要素、获得客户认同的资源和实力，并进行包装，放大亮点效应。

我的老东家蒙牛集团在刚成立时，品牌影响力不高，但是它有一个能够获得客户信赖的亮点工程，就是世界样板工厂。这个样板工厂是利乐赞助建设的，整个环节实现了全流程自动化。在推广过程中，蒙牛就邀请意见领袖、大客户、媒体人等到公司来参观世界样板工厂，然后形成口碑效应。那个时候我们称为工业游模式，每年都邀请大客户、代理商到工厂参访，以给他们树立合作的信心，以此增加经销商对蒙牛的忠诚度。

（7）符号可视化

符号可视化就是设计一个生动的符号，通过这个符号与顾客产生情感共鸣。

适用条件：产品效果不明显，也没有差异化，企业实力也一般，就设计一个具有灵气的卡通形象，生动的卡通形象就是产品化身。通过卡通形象与顾客进行互动，增加顾客黏性。

这种方法的典型代表是三只松鼠，其松鼠卡通形象很多人喜欢，三只松鼠通过卡通形象与顾客互动，加强情感联结，后期拍松鼠动画片，融入人的情感，最终让消费者对企业品牌和产品产生忠诚度。

另一个案例是贝因美小龙容卡通片。早期贝因美设计了一个卡通形象小龙容，用来与顾客互动。每次做户外路演，宝宝们都会看到小龙容的身影，贝因美通过卡通形象拉近与顾客之间的距离。后期又衍生了很多小龙容周边，拍成小龙容历险记动画片。

这些都是通过符号可视化取得成功的案例。

（8）故事可视化

好产品背后一定有一个传奇的故事。年轻人更追求文创元素，把好用和好玩的创意元素融入故事，通过故事与消费者产生共鸣，就是故事可视化。

适用条件：在产品效果不明显，没有差异化，没有企业亮点，也不适用视觉符号的情况下，创作一个能够引起顾客共鸣的故事。用故事来连接顾客的心智，能够让产品获得更好的溢价能力。

很多人听说过李渡酒。据说李渡酒某个领导是受江小白酒的启发，才走的文化路线。李渡酒的文化是元代窖池。当你喝李渡酒时，感觉自己不是在喝酒，而是在喝文化。

我们在做故事可视化时有一个关键环节，就是产品创意的原点要充满传奇性，只有传奇性才能吸引消费者去关注。从传奇性的角度来看有两个方向：

一个方向是产品创意原点源于创始人的不平凡经历和功德。类似前面讲到的胡庆余堂的品牌故事、北京同仁堂等一些老字号路线。

另一个方向是产品创意源自悠久的历史文化典故或地域特色。当初产品最早的创意来源是什么？开发这个产品的缘由是什么？可以从中挖掘故事要素，提炼产品故事。

（9）特色服务可视化

企业在服务方面比较有特色，就把自己的服务特色重点展现出来，让顾客亲眼看见。

适用条件：企业产品功能不容易识别，产品也没有明显特色，但是在服务方面可以找到可视化的差异点，尤其更适合服务行业。

我们经常去饭店吃饭，遇到最多的问题就是上菜太慢。生意越好的饭店，上菜就越慢，越是饿的时候越感觉饭店上菜慢。有一次我去成都出差，找一家饭店吃饭，我们点完菜，服务员在桌子上放一个沙漏，说30分钟内沙漏里的沙子漏完，菜还没有上齐，后面的菜一律免费，然后就离开了。我们四个大老爷们开始眼睛都盯着沙漏，巴不得他们上菜慢一点，好不容易等到沙漏快结束了，看桌子上还差两个菜，我们就开始欢呼：今天可以赚两个免费菜了。结果一抬头，服务员一手一个盘子放在桌上了。他们敢于承诺就能够做到及时兑现，这就是功夫。其实他们只是做了一个小小的差异点，那个差异点就是沙漏，用来凸显特色，吸引顾客的注意力，顾客就不会催菜，还会留下深刻的印象。

服务可视化的一个关键点就是：能够挖掘出自身的服务特色，打造与产品高关联度的特色服务，通过服务展示营造场景氛围，激发客户消费热情，留下深刻的印象，产生忠诚度。服务可视化不但要突出自己的特色，而且最好能够与顾客互动。

（10）文化可视化

有些企业服务没有可视化的亮点，只能挖掘一下地域特色、风土人情，找到一点文化特色，然后把它呈现出来。这也是做卖点可视化的一种方式。

有一次我去新疆出差，看到新疆一家比较有特色的饭店，把新疆传统文化融入餐厅中。新疆最具有记忆点的美食是新疆烤羊肉，当地的烤羊肉到处都是，完全同质化，味道也都差不多，很少能够给顾客留下深刻的印象。这家餐厅每隔30分钟会给顾客安排一段新疆舞，让你一边欣赏新疆舞，一边吃饭。我同事为了看那个新疆舞，又多加了两个菜，这就是经营之道。顾客在那个氛围中更多体验的是一种新疆特色文化，第二天我有个同事就提出来再去那家餐厅吃一顿。这种文化通过可视化能够黏住顾客，让顾客流连忘返。

（11）信任状可视化

信任状就是可以用来给产品卖点背书的材料，通过这些背书材料，产品能够获得顾客的信赖。信任状的形式多种多样，常用的有行业意见领袖口碑、权威专家、名人代言等，利用消费者对专家、意见领袖的信任而对产品产生信赖感。还有一些信任状是产品或服务获得的权威资质，如获奖证书、专利证书、成功案例、知名合作伙伴、权威数据等。因为这些资质本身就是证明产品优点的依据，比较容易赢得信赖。此外，还有真人现身说法。过去在药品、保健品领域，经常用真人现身说法的方式获得消费者信赖，有真实的消费者站出来见证产品的好处或效果。在合法范围内，一切可以为产品做信任背书的元素都可以拿来做信任状。

信任状的目的就是打消顾客的顾虑，以信任状作为依据，来证明自己的产品是优质的，是能够给顾客带来利益的。

我有一次在广州做项目，晚上朋友邀请我吃了一次比较正宗的潮汕粥。服务员说：我们煮粥的水都是用农夫山泉水，大米都是东北专属基地种植，品质很好。我们很心动，就点了一锅海鲜粥。等我们吃到一半的时候，服务员提半桶农夫山泉水走过来说：这是煮粥没有用完的水，给你提过来了，你们可以现在喝，也可以带走。我朋友感到莫名其妙，我跟朋友开玩笑说：你别紧张，其实他的真正目的是向我们证明这锅粥真是用农夫山泉水煮的，让我们相信而已。事实也是这样，他提的那半桶水就是粥的信任状，告诉我们别怀疑他们。

做信任状可视化时非常关键的是，信任状一定要极具说服力，能够赢得顾客的信任。如果你的信任状不可信，或没有冲击力，这个信任状就会失效。

（12）承诺可视化

承诺可视化就是给客户一个看得见的承诺，通过承诺来打消顾客的顾虑。

适用条件：产品没有卖点、没有差异点，企业也没有亮点，只能通过价值承诺来打消客观顾虑。承诺可视化一定不是忽悠，必须要做到言行一致，否则这个承诺就会失效，甚至适得其反。

深圳有家水果连锁超市，叫百果园。做过生鲜的都有感触，生鲜的损耗是非常大的，而且都是农产品，也很难做出差异化。百果园的老板思来想去找到一个突破口，向顾客承诺三无退货，即无理由、无实物、无小票一样可以退货。不管是什么原因，企业先把责任揽下来，主动来承担这个风险。当初提出这个想法时，内部反对声音一片，担心有人会恶意退货。他们最后的决定是先找一个区域试试看，发现恶意退货的退货率不足1%，但是三无退货承诺赢得了顾客的信任，会员大幅增长。这件事证明：中国的消费者是讲诚信的，大部分都不会无端恶意退货。后期百果园就一直坚持三无退货。

承诺可视化成功的前提是，产品质量必须过硬，不能犯低级错误。承诺一定是可见，可见才可信，且后期必须能够兑现承诺。承诺前一定要测试风险大小和风险出现的概率，不能乱承诺。做到风险可度量、风险可控，并充分做好风险防范措施。可以先进行小范围的试验来测试风险，如果风险比较低或风险可控，再扩大范围，保证承诺能够兑现，又能够有效地控制风险。

第三节 传播升位

产品做好以后要提炼一个传播点，传播点是产品的灵魂，通过传播点与顾客进行沟通，可以提升产品的知名度、美誉度，最终实现客户忠诚度。

我们在提炼传播点时一定要结合顾客心智、产品卖点、竞争对手三个维度来进行综合考虑。你有什么与众不同的价值？顾客认同你这种价值吗？二者要达成一致，否则就是自娱自乐，你嗨你的广告，我消费我的偏好，会造成广告和顾客心智的背离。所以，提炼一击即中的传播点就变得非常重要。比如，“钻石恒久远，一颗永流传”“他好，我也好，汇仁肾宝”“让天下没有难做的生意，阿里巴巴”好的广告传播一定是有魔力的。

1. 如何提炼走心的传播点

传播点能不能打动用户，关键取决于它的走心程度，传播点的穿透力决定能不能让顾客心动。如何提炼走心的传播点？我这里有一个传播点提炼模型，从社会热点、顾客关注点、产品卖点三个维度找到交集来提炼一个走心的传播点，如图 4-4 所示。

（1）顾客关注点

你是什么并不重要，顾客关注什么才是最重要的。要找到顾客关注的那个点进行聚焦。比如，奶粉行业为什么早期都买外资品牌？为什么在很多高端家庭有机食品、土特产越来越受欢迎？据了解，有些人喝茶

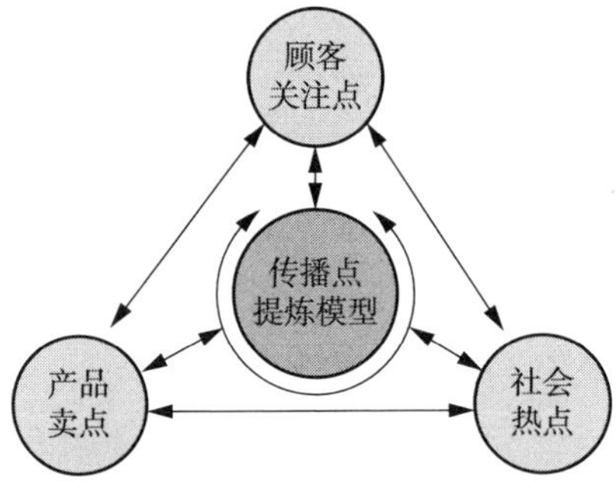

图 4-4　传播点提炼模型

不是买茶叶，而是直接买茶树，然后花钱雇人帮他打理，保证不打农药。有些人去东北承包一块黑土地，雇人为自己种植大米。其实这些现象背后反映出现代都市人群对吃的东西越来越担心。有些商家就抓住了这个点，强调手工、有机、自家种植等，就是凸显出健康的理念。每个人都有一个心结，这个心结就是其最在乎、最关注的点。

（2）产品卖点

前面已经讲过，产品卖点就是强调产品独一无二的核心价值。要把这个独特的卖点凸显出来，让大家知道、了解、上瘾。

（3）社会热点

要结合当下社会环境，找到影响力大的、周期比较持久的社会热点，比如新中国成立 70 周年、奥运会等国际体育赛事、世界杯等，进行借势传播。很多商家做公益性传播最善于借助社会热点，国家号召共同富裕、先富帮后富，他就去山区搞捐赠，随后植入广告宣传。这种公益行为也给我们带来一些商业上的启发和思考。

2. 高效传播的三原则

做任何事都要保证效果，都会讲究原则，传播策略也不例外，接下来我谈一下做传播的三个关键原则。

（1）凸显出独一无二的价值

广告学所说的独特的价值主张，就是把产品具有的第一性或唯一性的价值点讲出来，不需要多，一个即可。如果你没有这种独特性的价值，讲再多也没用，因为大家都在说一个点的时候，往往声音最大的那个人的呼喊声才能被消费者听到，他能够把其他小厂家的声音完全覆盖掉。

（2）聚焦效应

做广告一定要聚焦一个传播点，坚持选择一公分的宽度、一公里的深度，只有聚焦才有穿透力。不聚焦，就是什么都想说，但也等于什么都没说，因为信息量太大了，最后消费者什么都记不住。这就是广告学说的少即多原理。

（3）一致性与坚持

保持传播的口径统一、行为统一，而且坚持重复。做广告一定要相信一致性和重复的力量，一回生，二回熟，三回就能记得住。根据我们过去做过的统计：人的大脑对一个新事物一般是看三遍才会有印象。所以如果你经常换广告诉求点，广告打打停停，结果就是原来做过的广告全部付诸东流。顾客刚对某个品牌或产品有点印象，需要再来一遍广告加强一下，结果广告停了，或者更换了广告，一个新的画面进入顾客的大脑，就覆盖了顾客之前的印象。

在我的印象里，农夫山泉的广告只有两条：早期的广告是“农夫山泉有点甜”，这个广告很让人心动。后来，随着人们对水的品质要求越来越高，国家对矿泉水的标准也在不断规范，它的广告便改成“我们是大自然的搬运工”，强调天然水。后期他们围绕“大自然的搬运工”进行了一系列品牌运作，在2020年就把农夫山泉的老板搬运到了中国首富的位置。

大家可能还看到过一则矿泉水广告，某个企业推出一款高端水叫恒大冰泉，在我的印象中，恒大冰泉的第一条广告是：我们搬运的不是地表水。这给了消费者一个遐想的机会：不是地表水是哪里的水？带着这样的疑惑，恒大冰泉又推出一条广告：来自黄金水源，深层矿泉。其实，消费者还是不清楚黄金水源在哪里。农夫山泉的天然水是源自长白山上，恒大冰泉的黄金水源在哪里呢？随后，恒大冰泉又发布了第三条广告：一处水源供全球。他是想告诉消费者，我们这个水源全球只此一处，其实消费者还是不知道具体位置。在消费者的疑惑下，恒大冰泉给出第四条广告：天天饮用，益于健康。企业还请了明星做代言人，推出第五条广告：喝恒大冰泉，美丽其实很简单。随后恒大冰泉又推出促销广告：饮水、泡茶、做饭，我只爱恒大冰泉。据说恒大冰泉一年广告费投入20亿元，却带来了巨大的亏损。这种不聚焦、不一致、不坚持的传播策略让很多企业都栽过跟头，广告做做停停，广告诉求经常换，给人的感觉就好像没做过广告，又好像每年都在投广告，最后效果却很不理想。

企业做传播最大的问题就是不知道我们投的广告效果如何，或者如何评价我们的广告投放效果。广告业曾流行这么一句话：我们每天投放的广告至少一半是浪费掉的，但是不知道到底哪一半是浪费的。我们做传播虽然做不到完全不浪费广告资源，但是提升传播效率的方法还是有的，经过悉心的研究还是能够发现一些规律的。我来给大家分享一下，我们过去是如何评价广告效果的。

$$传播效果=\frac{传播时间}{传播信息量}$$

根据这个传播效果的评价公式，我们可以看到营销传播的效果有两个核心要素，一个是传播时间，另一个是传播信息量，二者呈反比关系。也就是说，传播时间确定了，传播信息量越大，传播效果就会越差。在广告业有一个共识，就是什么都想说，等于什么都没说，在有限的时间里传播无限信息量，传播效果趋于零，这就是少即多的原理。因为时间既定，人的大脑容量是有限的，传播内容越少大脑越容易记住。同理，传播信息量既定，传播时间越久，消费者对广告的印象就会越深刻。这就是我一直提醒经营者要聚焦和坚持，不要经常换广告诉求点的原因。你要想取得好的效果，就应该遵循这个行业的规律。

3. 高效传播的十种方法

在高效传播三个原则下，如何做传播效果更好、效率更高呢？在实践中应该如何落地？根据我多年的实战操作经验，结合华夏基石咨询、迪智成咨询公司的研究结果，总结出十种高效传播的方法供大家参考。

（1）做传播要接地气

接地气就是用通俗易懂的语言做传播，传播点一定要受众群体一听就明白，而不是讲一些大众听不懂的专业术语来证明自己的专业水准。在传播学里有这么一句话：你说什么并不重要，顾客接受多少才是最重要的。要用受众群体易于接受的方式来传达产品卖点。我记得我读小学的时候，语文老师为了鼓励我们好好学习，对我们说：你们一定要好好学习，书中自有黄金屋，书中自有颜如玉。我们大多数同学根本听不懂，语文老师的这些话听起来很有文采，但是无法激发我们对学习的兴趣。记得有一次我的数学老师说：好好学习，书中有烧饼夹肉。过去农村的孩子家里都很穷，我们的梦想就是未来能够走出农村，吃饭能够加个荤菜，来去自由、衣食无忧。数学老师的话我们是能够理解，从而产生心理共鸣的，所以我们马上就有了学习的动力。做广告别怕俗，让人听得懂才是硬道理。盲目追求高雅，对销量没有拉动作用就都是枉然。

（2）先理性诉求，再感性诉求

在传播学里，诉求大体分为两种形式：一种是理性诉求，也有人理解为功能诉求，就是把产品的属性、功能、价值等说清楚，让消费者知道这是什么产品、有什么价值、能够帮他解决什么问题。另一种是感性诉求，就是从情感的角度出发，与顾客产生共鸣，从而激发其购买欲望。理性诉求和感性诉求是有先后顺序的，先通过理性诉求让顾客了解产品，然后通过感性诉求激发其购买欲。因为在顾客对产品不了解时，你是很难激发他的购买欲望的。比如王老吉的传播，早期就是先做理性诉求——怕上火，喝王老吉，让消费者知道王老吉是降火的饮料。等大家慢慢都知道了这款饮料后，王老吉在春节时开始投放感性广告：吉庆时分，喝王老吉；喝王老吉，过吉祥年。这个转变就非常顺畅。如果没有前面的宣传，尤其是北方根本不知道王老吉是饮料还是降火药，你传播吉庆时分喝王老吉，消费者就会茫然。所以在消费者不清楚品类属性和产品好处的情况下，不要轻易走感性诉求路线。

（3）地空结合

做传播一定要用立体组合的打法，空中媒体和地面推广相结合。正常情况下是空中广告为点、地面广告为面的传播策略。空中广告就是指电视媒体、互联网、社交媒体等，地面广告是指线下主题促销、终端铺货、终端推广、社群互动等形成的整合传播。空中广告是集云，线下推广是下雨，主题促销是接水。如果只是进行单纯的广告投放，没有促销拉动，消费者还是不会购买商品。所以三者必须形成联动效应。过去山东有家做酒的企业，是曾经的央视广告标王，据说广告费相当于每天送一辆奔驰车。电视上面广告打得漫天飞，线下顾客找不到他们家的产品，最后通过广告烧钱把自己烧死了。它的失败就在于线上和线下没有做好协同。

（4）奇正结合

做广告要三分奇，七分正。奇是指创新层面，在战术上要通过创新做到出奇制胜；正是指在产品品质上必须做扎实。如果全是虚头巴脑的东西，就会被消费者认为是忽悠。不要以为商家会比消费者聪明，消费者看了广告买了产品，如果感觉体验不好，他们会直接用脚投票，看到你的产品就绕道走。

（5）虚实结合

三分虚，七分实；实是基础，虚是借力。任何企业的资源都是有限的，不可能做到100%的实，在营销打法上需要虚实结合。有一点我要特别强调，虚的意义一定不是弄虚作假来欺骗消费者，对虚的理解一定不能错。核心要素一定要做实，把核心要素凸显出来重点强调，重点渠道、利基市场的传播必须做实，不重要的地方可以做虚。兵法中有个战术叫虚张声势，在点上做实，虚中有实，实中有虚，虚实结合。

（6）点面结合

企业的资源都是有限的，要考虑资源配置的有效性，就是要做到点面结合，在重点渠道、重点市场重点投放媒体资源，非重点市场低配资源。资源集中使用的最大好处是能通过局部的强点效应带动全局。过去做咨询我们也是建议企业在线下活动采用中心造势、周边取量、以点代面的模式，把资源集中在重点区域。比如，把资源集中在一个城市的CBD商务圈，重点城市集中投放，做出亮点工程，通过亮点工程带动全局。过去常打造样板市场、样板渠道、样板店等，邀请客户参观，就是比较成功的点面结合模式。

（7）长短结合

长短结合就是广告投放的长期效应和短期效应要有机结合在一起，保证短期见利见效，又能促进市场的长期发展。促销性传播就是短期效应，一场促销广告当下就能产生巨大的销量，短期收割利润。品牌建设的传播就是长期效应，因为品牌建立需要一个长期培育过程。在实际操作时要不定期搞点促销广告来搅动市场热度；同时兼顾长期品牌投入，提升品牌价值，让品牌发挥长效作用。

（8）推拉结合

做传播要想达到好效果必须推力和拉力同时兼顾。推力更侧重渠道刺激，让渠道发挥推力作用。拉力更侧重消费者传播，通过品牌知名度产生拉力作用。渠道推力和消费者拉力相互作用，最后形成合力。一般是先推后拉，就是先刺激渠道产生推力，再刺激消费者产生拉力。

（9）冷热结合

冷热结合就是销售旺季和销售淡季相结合的模式。很多企业往往选择销售旺季的时候做广告，在销售淡季就不做传播了。淡季停播广告的目的是省钱，其实这种打一段停一段的传播策略不但省不了钱，反而更浪费资源。做广告传播和烧开水是一样的，需要一个过程，不是看水快烧开了就不加柴了，以为烧锅的余热能把水烧开，其实你在抽掉柴的同时，锅的温度和水的温度就会同时降下来。等你发现水温下降需要重新加柴煮沸时，又要从冷启动开始。冷启动不仅需要一个过程，而且需要投入更多的资源，等你完成冷启动，说不定销售旺季可能就过了。我建议销售淡季可以减少传播的投入，但需要保持市场温度不下降，提醒消费者不要忘记品牌，而不是完全停播；销售旺季再加大投入提高温度，通过高热度提升销量。

（10）贴近用户体验的沟通

信息化时代，谁离用户越近，谁就越懂用户，越能赢得用户。购买决策权的转移决定了传播中贴近用户的互动推广变得越来越重要，比如小米的米粉会、江小白粉丝品酒会、路演、场外迷你秀等。各行各业都突然明白，以用户为中心的产品体验才是王道，都将传播重心下沉到用户层面，而不是像过去只停留在渠道层面。所以传播都是表演给经销商看，都是以招商为目的。挖掘机技能表演大赛、孩子王亲子秀、贝因美妈咪秀、贝因美妈咪音乐会等，都是贴近用户做传播。

第四节 行业固位

行业固位就是建立行业壁垒，通过壁垒固定自己的行业地位，防止对手颠覆。中国经济快速发展时期，各种市场机制还不完善，很多人都不愿意做原创性的技术。这不仅是因为原创性的技术需要一定的时间才能做出来，关键是能不能成有时候还要赌运气，造成过去很多人通过模仿对手产品来发展企业。河北曾有家企业做一款产品叫六个核桃，等“六个核桃”卖火了，“七个核桃”也上来了。所以一个原创性的产品做出来，在上市之前要考虑好如何建立排他性壁垒，来巩固自己的地位。在实践中我常用的壁垒建设方法有以下几种：

1. 技术壁垒

从全球来看，目前建立行业壁垒的方式中，技术壁垒是最常用的方式。企业做出原创性的技术，及时向国家相关部门申请技术专利保护。技术专利在一定程度上能够起到防止对手敌意模仿的作用，对手想借用技术也可以向自己购买专利使用权，让自己能够通过出售专利获得应有的回报。

2. 渠道壁垒

有些行业对渠道的依赖度比较强，比如白酒行业、农资行业。企业与渠道商结成战略联盟，形成事业共同体和命运共同体，建立渠道壁垒，通过不断深化厂商合作关系，形成市场上的铜墙铁壁，对手想进入某个市场或在某个市场立足就变得比较艰难。娃哈哈厂商联营体就是制造企业与渠道商构建的一种战略合作模式。娃哈哈的经销商忠诚度很高，与厂家同呼吸、共命运，竞争对手想来挖娃哈哈的渠道墙脚很难。娃哈哈核心市场的经销商实力都很强，娃哈哈也给予他们很大的支持，帮扶合作伙伴与企业同步成长。娃哈哈通过建立渠道壁垒保证了企业的持续发展。

3. 地域壁垒

有些特殊行业可以通过地域的区位优势建立壁垒，区位优势往往比较难以模仿和复制，尤其是自然条件形成某种特定资源。如港口行业就具有明显的地域壁垒，上海港、深圳港、天津港等这些世界级的港口必须依托大海，这些自然资源在内陆地区是无法复制的。

茅台酒为什么能够成为国酒？茅台的地位不可替代，茅台的技术难以模仿，其核心不是在于配方，而是在于它的水质和发酵环境。有人说可以把茅台镇的水拉到别的地方，其实这个做法曾经有人尝试过，但是同样的水离开了茅台镇，做出来的茅台酒味道就不同。茅台酒最不可替代的成功要素是发酵环境。茅台镇地处贵州的盆地，四面环山，一年四季温度比较稳定，在这种环境下发酵的酒品质浓香。这种盆地地貌是其他地区无法复制的，茅台酒的品质也是无法复制的。

4. 政策壁垒

有些行业是依托国家的某种特殊政策发展起来的，比如金融业、生物制药、危险品等必须获得国家政策许可才能进入的行业。这些行业就拥有政策壁垒。

我有一次去中化做调研，中化工作人员说原来高危性化工产品都是他们垄断的，由于危险品的特殊性，必须由国家垄断经营，民营企业是没有进入的机会的。在这种政策壁垒下，承担该项目经营的企业就掌握了产业链的主动权。

5. 关系壁垒

有些企业拥有特定的稀缺性关系，就能形成自己的优势，建立排他性壁垒，如特定的社会关系、渠道关系、上下游产业资源关系等。有些企业在整个产业链上建立了稳固关系，相比没有这种产业关系的企业就有更多的优势。紧密的关系能够提高产业链的协同效应，协同效应高了自然就能降低成本，让产品更具有成本优势。

6. 人才壁垒

社会发展慢慢进入科技时代，企业竞争也进入人才竞争阶段，企业拥有一批优秀的人才储备，就建立起了人才壁垒。比如，巴菲特就是伯克希尔·哈撒韦的人才壁垒，比尔·盖茨就是微软的人才壁垒。我们跟踪研究很多企业发现一个规律，一家企业一旦创始人退出或退休，企业就面临着生死考验，其实很多时候创始人就是一家企业的核心竞争力。拿苹果来说，乔布斯退出时苹果公司的经营陷入混乱，最后乔布斯二度出山才拯救了苹果公司。

第五节　爆品魅力化设计

当你把爆品做出来投放到市场后发现销量平平，你可能会很沮丧，甚至怀疑我的方法无法帮到你。别着急，出现这种情况非常正常，做爆品的路途是不平坦的。跌倒了不可怕，当失败来临的时候，你一定要有应对的方法，让你的产品还拥有足够的魅力打动顾客。如何让顾客爱上你的产品呢？接下来我讲一下爆品整体魅力化设计。

1. 爆品设计的理论基础

在讲产品魅力化之前，我先讲三个重要的基础理论：马斯洛需求层次理论、整体产品理论、KANO 理论。这三个理论之间也是有一定的关系的。

（1）马斯洛需求层次理论

马斯洛把人类的需求从低到高分为五个层次，分别为生理需求、安全需求、社交需求、尊重需求和自我实现需求。最基础的生理需求包括吃、住、行、睡眠等，用以保证生命体的延续。然后上升到安全的需求。人类进入有吃、有喝、相对安全的阶段后，其需求就慢慢上升为社交需求，也就是进入情感层面，追求神圣的爱情关系、友情关系、亲情关系等各种社会交往关系。再上升到被认可的需求，获得他人的尊重。最后发展到最高级别的需求，就是自我实现的需求，追求梦想和人生的崇高理想。生理需求和安全需求都是基础的生存需求，后三个更侧重精神层面的追求。

(2) 整体产品理论

整体产品包含三个层次，有核心产品、形式产品、附加产品。我们做产品魅力化设计也是围绕这三个层次来展开的。每一个层次都要保证没有重大缺陷。产品的三个层次之间的关系不是简单的加减乘除关系，而是“3-1=0”的关系。也就是说，即使其他两个方面做得都很完美，只有一个方面不够好，对顾客造成了伤害，顾客也不会因为你做得完美的方面而包容你做得不好的那一面，他会直接否定你整个产品。

(3) KANO 理论

KANO 模型是由日本的 KANO 教授提出来的，KANO 教授认为用户的需求是有先后顺序的，分为基本需求、期望需求、兴奋需求。只有先满足了基本需求，才会有后面的期望需求和兴奋需求。其实 KANO 教授提出的这个需求的次序模型与马斯洛需求层次理论有近似之处，只是看问题的角度不同而已。

把这三个理论有机结合在一起，能够有效帮助我们找到爆品魅力化设计的入手点，如图 4-5 所示。

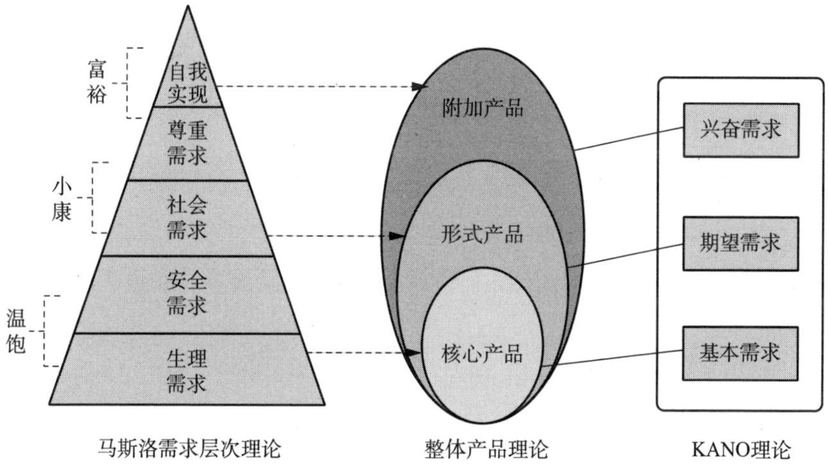

图 4-5 三个模型结合

我们做爆品魅力化设计，是在马斯洛需求层次理论的基础上，优化整体产品，在优化整体产品时，借鉴 KANO 理论。KANO 理论指导我们先满足用户的基本需求，就是做好核心产品线，核心产品是基础，在做好核心产品的基础上再满足期望需求，最后才是满足兴奋需求。基本需求是 1，其他需求都是 1 后面的 0。基本需求针对的是顾客痛点，期望需求针对的是顾客痒点，兴奋需求针对的是顾客兴奋点。

我们经常出差的人往往会无意识地按照 KANO 理论这个逻辑选择酒店。我们首先考虑酒店是否干净、床是否舒服，这两点是满足我们对酒店的基本需求，环境干净和床的舒适度就是酒店业的核心产品。所以汉庭就提出来“爱干净，住汉庭”，以此赢得了商务人士的心。如果酒店内乱七八糟，其他条件再好，我们也不一定会住。然后我们再考虑酒店内提供的牙具、拖鞋是否舒服。有些酒店的一次性拖鞋做得很差，穿上去感觉鞋底就像一张纸那么薄。这个拖鞋就是期望因素，如果拖鞋能够做好一点，提高了顾客期望因素，顾客的满意度就会大大提高。期望因素是加分项，多多益善。兴奋因素就是让顾客意想不到的附加值。我有一次冬天出差去杭州，由于航班延误大半夜才到酒店，那个时候又冷又饿，办完入住手续后，打开房间发现桌子上已经为我准备好了夜宵，顿时冰冷的心被温暖了，所以这家酒店给我留下了深刻的印象。像我们这种经常出差的商务人士没有节假日的概念，除了春节能够记得回家，其他节假日很少记得住，但是酒店会帮我们记住。中秋节的时候他们会在房间里放点心、水果，再加上一句温馨的祝福语。这些细节看起来很简单，但是会让人因为一刹那的感动记住它们一辈子，这些就是顾客的兴奋因素。

我再次提醒读者：千万不要在基本因素没有做好的前提下，一味去追求期望因素和兴奋因素。

2. 爆品魅力化模型与操作方法

基于三大理论我们从四个维度来做爆品魅力化升级，四个维度构成爆品魅力化模型（见图 4-6）。

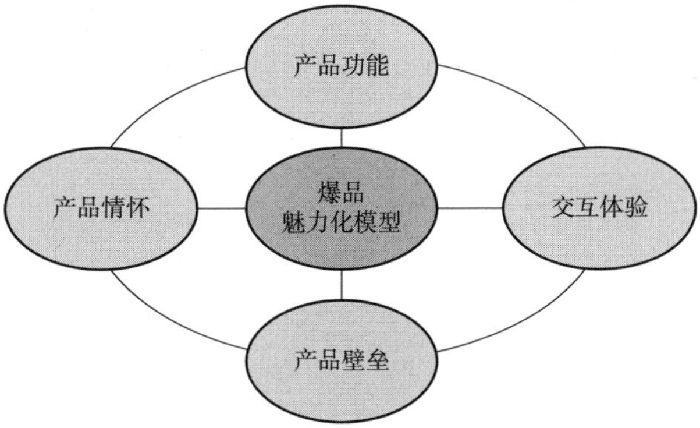

图 4-6　爆品魅力化模型

爆品魅力化模型四个要素是产品情怀、产品功能、交互体验、产品壁垒。接下来我一一拆解细节。

（1）产品情怀

产品情怀一定要能够使用户产生共情和共鸣，这是成功的前提条件。前面我提到过，人的感性思维速度是理性思维的 3000 倍，所以会先达成心智认同和共鸣。产品情怀是消费者购买第一入口。顾客是否喜欢这个产品，先是凭直觉判断，最后靠理性决定，所以第一印象很重要。换句话说，在 15 秒内使消费者产生共鸣，获得心理上的认同感很重要。如果产品情怀不能快速产生认同感，第一步就失败了。因为 15 秒以后，顾客会提高心理预期。产品情怀受各种因素的影响，比如场景因素。我们在定义产品时不能脱离场景，依照应用场景来定义产品情怀，一定给用户足够的想象空间。比如，有一款零食叫枣夹核桃，企业定义产品情怀叫“枣想核你在一起”，它在情人节这个场景下做推广就取得了成功。不同的场景下给产品赋予不同的产品情怀，更容易使顾客产生共鸣。产品情怀一般包括产品概念、品牌名称、商标、广告语、卡通人物、品牌故事、产品包装、创意呈现等因素。

（2）产品功能

产品功能一定要做到方便、好用。在定义产品功能时，一定要结合产品的应用场景和用户的应用习惯。任何产品都是特定场景下的产物，只有在特定场景下才有存在的意义和价值。比如，米在碗里就是饭，在衣服上就是脏东西。产品功能包括两个要素：一个是入口功能，另一个是核心使用功能。入口功能是解决用户的爽点问题。只有入口功能感觉舒服，才可能进入核心使用功能，入口功能是为核心使用功能引流的。核心使用功能解决的是用户痛点问题，让客户产生长期的应用黏性。二者功能是不同的。

◆ 入口功能设计

入口功能设计原则是极简、方便、快捷、一键开启。入口功能越简单、越方便，用户的体验就越好。我们拿手机来说，大家都知道传统的手机开机很麻烦，需要通过数字组成的开锁键开锁。后来苹果公司发现了这个痛点，苹果手机的开机入口就是一键开启，指纹解锁，方便又安全。

同样，过去汽车启动都是用机械钥匙打开车门，用钥匙点火，驾驶员经常要佩戴一把钥匙，万一钥匙丢了就会非常麻烦。现在汽车基本都实现了指纹开门，一键启动点火。

◆ 核心使用功能设计

核心使用功能设计成功的关键是找到能够让用户产生依赖性的兴奋体验点。一旦产生依赖，用户就不会轻易放弃或转移阵地。核心使用功能的设计路径：首先我们要找到目标用户群，然后跟踪研究目标用户的高频场景，如工作场景、生活场景、学习场景、娱乐场景等。基于主流场景，从中挖掘一级高频痛点，研究一级痛点可能引发的高频刚需，并对刚需点的真实性进行反复论证。然后基于确定性的需求设计人性化的解决方案，最后把解决方案转化为产品核心功能。这是我平时开发产品经常用的操作方法。在实际操作过程中要注意几个关键细节：

核心使用功能设计要符合体验场景和应用习惯，不要去改变用户习惯，任何产品脱离了产品使用场景和违背用户习惯都可能导致产品失败。不同的产品有各自匹配的体验场景和用户体验方式。比如，西餐文化强调的是快，速战速决。麦当劳提出60秒交付，60秒内拿不到食物就免单。其实这种快餐文化与西方社会快节奏的生活方式有很大关系，这种快节奏的生活方式培育出了这种快餐文化和西方人这种体验方式。东方茶道就讲究仪式感，喝茶需要按照茶道工序来，不急不慢地品，所以中国有品茶文化。这就是东方的茶文化和对应的体验场景和体验习惯。如果在中国喝茶追求快速的大口牛饮，就显得没文化。产品核心功能设计一定要从一级高频痛点、应用场景、体验习惯三个关键要素出发，这是思考产品功能的原点。

核心使用功能设计不能完全依赖传统的调研方法，更不能依赖理论假设，而是要打开新思路，让用户全程参与进来，共同创造让消费者难以忘怀的体验。根据体验感反馈来倒推强刺激的方式，最后把这种强刺激的方式转化成产品核心使用功能。

（3）交互体验

交互体验更重要的是体现出好玩和社交属性，好玩产生网络连接和口碑效应。只有交互好玩，才能黏住用户，用好玩的互动来给出意外惊喜。交互功能包括三个要素，即交互体验的社交性、交互体验的娱乐性、高频体验细节贴心性。

◆ 交互体验的社交性

产品交互设计一定要带有“社交功能”，社交性是连接器，可以用来连接客户。这个社交功能最好能够叠加在“核心功能”上，既有社交性，又有核心价值。支付宝的核心功能是支付，单纯的支付功能就缺乏社交属性，导致支付宝的低频应用。如果核心功能上找不到高频点，就打一个副功能，来承载“客户互动”，如微信红包就化解了这个问题，既有支付功能，又通过红包建立起社交功能，让客户产生黏性。微信早期的支付流量入口就主要来自微信红包。我们平时在地上看到一毛钱，都懒得弯腰去捡，但是在微信上抢红包，抢一分钱你就会高兴半天，这就是社交属性的价值。人们在微信上抢红包其实在乎的不是钱的多少，而是点开红包一刹那的爽感。

◆ 交互体验的娱乐性

交互体验的娱乐性就是要找到用户的兴奋点。交互体验的娱乐性是黏合剂，让用户产生高黏性。我们在做产品时一定要设计一个有趣、好玩的“高频互动点”作为链接器，才能让老客户产生黏性，高频应用。江小白表达瓶的广告语：世界这么大，我想去看看。一语道出年轻人的心声。开会的时候，桌上的矿泉水瓶一不注意就混在一起，你不知道面前的那瓶水是谁喝剩下的。你一直在纠结扔掉可惜，喝下去难受。有个商家就采用签名瓶帮你解决了问题，你可以在瓶标上签上自己的名字。

如何找到这个用户兴奋点呢？接下来我来分享一下我们平时的做法。

第一种方式：体验洞察。一般是先从同类产品或近似产品中去挖掘，找到哪些产品功能能够让客户产生体验依赖性兴奋点。体验依赖性兴奋点的表现为：伴随时就会感到兴奋，离开时就会感到痛苦。如香烟、游戏、酒精等，这些产品都具备这种特征。

第二种方式：假设验证。如果不能直接找到答案，可以通过假设验证来挖掘顾客兴奋点。挖掘激发兴奋点的强刺激功能，看兴奋点是通过哪个强刺激功能激发出来的。

◆ 高频体验细节贴心性

在高频体验细节上找到一个能够打动用户的细节点，我通常称它为顾客感动点。通过这个感动点来感动用户，让他记住一辈子。这个感动点一定要起到雪中送炭的作用，而不是锦上添花的作用。前面我提到在寒冷的冬天可能一杯不经意的热茶就能让人感动。这个关键取决于细节能不能感动人。

有一次我带一个朋友去一家饭店吃饭，大家知道饭店里使用频次最高的工具就是筷子，结果这家饭店为了让筷子变得美观，看起来有质感，就把每支筷子上都裹上一层银的金属片。我们吃饭时砂锅上面放了一双公用筷子，大家都知道金属导热很快，砂锅在下面煮，架在上面的筷子很快变得很烫。我们当时都在兴头上，谁也没有留意到这个细节，我朋友伸手去拿火锅上的那个公筷夹菜，结果手上烫了个泡，本来美好的心情马上就变得一塌糊涂。虽然这只是一个小小的细节，但是从此以后我们再也没有去过那家饭店。

我有一次去一家深圳的饭店，就注意到一个贴心的细节。大家吃饭总喜欢把筷子放在盘子上，结果筷子会从盘子上滑落下来。深圳这家饭店就发现了这个顾客痛点，把盘子开个豁口，然后把筷子架在上面就不会滚下来，如图 4-7 所示。这个细节很人性化，我因此记住了这家饭店。

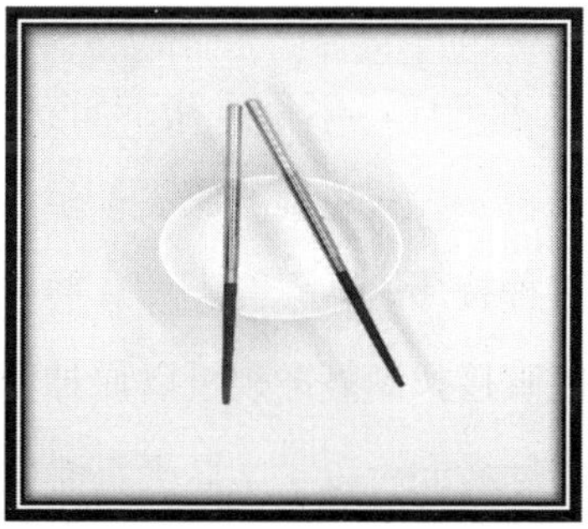

图 4-7 饭店细节

(4) 产品壁垒

做产品一定要在投放市场前先想好壁垒如何建立，防止自己辛辛苦苦做的原创最后给别人作嫁衣。中国做产品的习惯是，一旦一个产品火了，很快就会有人模仿，带动一窝同类产品。建立壁垒的方式就是让对手无法模仿或复制，或模仿的成本大大高于自己。根据上面我提到的建立壁垒的方法，结合产品，我再补充一部分。

◆ **技术壁垒**

技术壁垒是最基本的排他性手段，包括商标保护、外观专利、应用技术专利、知识产权等。关于技术壁垒我在前面已经分析过，在本篇中不过多阐述。

◆ **品牌壁垒**

品牌壁垒也可以理解成企业的商誉。巴菲特认为商誉是企业最重要的无形资产，这个资产其实就是品牌价值，品牌影响力一旦建立起来，就会在消费者心智中形成一种无形的品牌壁垒。品牌价值是不计入财务账面资产的，但是它的确可以给公司创造很高的产品溢价和客户黏性，这就是品牌壁垒的价值。

◆ **成本壁垒**

成本壁垒也是做产品常用的一种壁垒手段。关于成本壁垒我需要强调一点，低成本不一定是便宜，便宜的产品也不一定有成本优势。我所讲的成本壁垒是你的成本比对手低，这种低成本不是压缩利润获得的，而是通过管理效率的提升或规模效应获得。我所提到的低成本包括两个方面：第一种是单位成本比对手更低，也就是说，你同类产品造价低于对手；第二种是边际成本最低化，就是随着产品生产规模的增加，单位边际成本变得越来越低。在成本控制方面我们可以学学老干妈的做法。

◆ **资源壁垒**

你的产品所用的某种原料或材料是你独有的，或你的原料在同等价格下比对手品质更好，同等品质成本更低。我这里提到的资源不仅限于原料资源，也包括各种社会资源。

3. 爆品魅力化设计五大原则

在壁垒建设方面，把本部分提到的壁垒类型和前文提到的壁垒手段结合在一起，能打开你的思维空间。爆品魅力化设计其实也是有一定的原则的，根据前面所讲到的爆品魅力化设计方法，我最后对设计原则做一个总结，提炼出爆品魅力化设计五大原则。

①情感元素情绪化：能够快速点燃用户情绪，产生情感共鸣。

②有形产品标准化：把有形产品尽可能做到标准化，因为产品标准化以后可以快速复制，形成规模效应。

③功能应用极简化：前面我提到过，产品越简单越容易操作。

④互动元素娱乐化：在设计互动元素时一定要好玩，只有好玩才能产生用户黏性。

⑤体验元素场景化：体验的场景化我已经反复强调过，体验满意度很多时候是受场景氛围影响的。古人作诗、吟诗缘于触景生情，诗人作诗很多都是没有准备的，都是触景生情带来的创作灵感。其实这就是场景氛围带来的情绪反应。好比同样一杯咖啡，你坐在星巴克店里喝，就能找到自己灵魂归属的地方，所以星巴克提出第三空间的概念。第三空间既不同于家里，也有别于办公室，其实那就是安放自己心灵的地方。如果你端着一杯咖啡蹲在马路边喝，会是什么感觉？嘈杂的马路场景会让你感觉自己喝的不是咖啡，会让你情绪变得更烦躁。所以体验元素的设计一定要结合场景。

第六节　产品力测试与顾客满意度管理

产品设计完能不能在市场上卖火？是否能够被顾客接受？我们在上市之前会有一个非常重要的环节，就是产品力测试，通过产品力测试把产品的潜在缺陷提前暴露出来。做产品力测试可以从以下几个方面入手：

1. 认知度测试

认知度测试也是对产品概念进行测试，测试顾客对这个产品的认知，产品是否符合顾客认知。如果认知度测试都无法通过，说明产品购买的入口有问题，上市也就面临着退市。认知度测试可以从三个基本的维度来进行。

（1）测试顾客认知

抛出产品问顾客几个问题：这个产品是什么？会给你带来什么好处？能够帮你解决什么问题？先不做任何解释，静静观察顾客的第一情绪反应和潜意识动作，因为这两点是最真实的、无法掩盖的。等顾客回答完，如果存在盲点，可以稍作解释，再看顾客的认知反馈信息。最后比较第一次的反馈信息和第二次的反馈信息是否存在偏差。

（2）进行意见证伪

等顾客回答完要进行证伪，证伪的目的是求证顾客反馈的意见是否是发自内心的真实想法，或立场是否坚定。你可以反问他：真的这么认为吗？看他的回答是不是确定的。

（3）挖掘意见背后的原因

如果消费者反馈的意见是肯定的，则需要继续追问意见背后的原因，这个才是本质。例如问：为什么这么认为？一定要找到这个意见背后的依据，如果找不到依据一般都是不可靠的。

认知测试能否通过，有没有一个客观的指标呢？目前没有绝对的判断指标，我只能给出一个相对合理的经验：80%的人通过测试，或者80%的人接受这个概念，基本是成立的。如果50%以上的人不接受这个产品概念，基本是不能上市的，80%和50%是关于认知的两个测试临界点。

在这里我还需要特别提醒的一点是，在实际测试过程中一定要拿产品实物做测试，而不是拿假设性问题或假设产品做测试，因为假设性产品和真实产品是存在偏差的，会直接影响到受测试者的感受。你想测试一位女性是否愿意把长发换成烫发，如果只是口头说：你把长发换成烫发可能会更好看。她很可能不接受，因为她想象不到烫发会是什么样子，万一不好看怎么办，这个是需要冒风险的。如果你给她看一张烫发的美女照片或找个烫发的人站在她跟前，问她：这个烫发怎么样？她会谈自己的感受，如果她说："太美了！"说明她对这种烫发是感兴趣的。

2. 认可度测试

认知度测试通过后，进入认可度测试阶段。认可度测试的一个关键点，就是消费者会不会掏钱买单。即使前面的测试中消费者表示100%满意，但是不买单，那前面他说的就都是谎言。认可度测试的本质就是真实的购买行为测试，最能看得出来顾客是不是真的喜欢产品。在具体落地细节上同样有三个维度。

（1）愿不愿意掏钱

不要听客户说什么，要看客户做什么。愿意付钱才是真爱。如果顾客回答愿意掏钱，就直接将产品卖给他，这种测试是需要发生真实交易的，而不是停留在嘴巴上随便说说而已。真实性交易是测试认可度最重要的环节，不能是假设性交易。要把你面前参与测试的人当成真实的顾客。

（2）挖掘购买背后的原因

如果测试对象愿意买，一定要追问他为什么愿意买，找到他购买背后的驱动要素或打动顾客购买的价值点，作为提炼产品卖点的依据。我在实操时会让测试者讲出关于这个产品的三个满意点或优势点和三个不满意的地方。如果测试者能够清晰地说出来他满意的地方，说明认同是成立的；能够讲出来不满意的地方，说明还存在可优化的空间。

（3）挖掘不买的抗拒点

如果测试对象反馈不愿意购买，一定要找到阻止他购买的抗拒点。找到这个抗拒点，未来就可以有针对性地优化产品。

找到消费者的抗拒点以后，要提出解决问题的假设措施，比如：在什么条件下你愿意购买？这个假设就是消费者的动心点。

诊断认可度测试的结论指标是30%，有30%的人愿意付款，说明这个产品是可以上市的。就是目标群体达到30%的转化率，说明这个产品力是符合市场需求的。

3. 顾客忠诚度测试

忠诚度测试反映的是顾客对这个产品后期的复购情况，一般情况下忠诚度越高，后期的复购率越高。复购率是反映顾客忠诚度的一个重要指标。忠诚度最大的价值是产品口碑裂变效应，他会推荐周围的人来购买。忠诚度测试方法同样采用问问题的方式。

问题：①您是否愿意推荐给身边的人买？为什么会推荐？

②会推荐给身边的哪些人买？为什么会推荐？找到推荐对象，这些对象是未来做关联性销售的目标人群。

③如果他不愿意推荐，一定要问不推荐的原因。如果顾客不愿意推荐，说明产品存在缺陷，毕竟推荐身边的人购买是需要承担个人信誉风险的。一定要找到推荐抗拒点，优化产品。

询问顾客在什么条件下愿意推荐，或对假设推荐的条件进行测试，来解决推荐抗拒的问题。

如果受测试者本人愿意复购的可能性在20%以上，或向他人推荐率超过10%，说明产品力比较强。按照行业规律，如果有20%的用户主动复购，说明顾客有忠诚度。

4. 产品价格测试

在认可度和忠诚度测试环节，隐含一个测试变量，就是价格测试。由于价格测试这个变量非常重要，我把它单独拿出来分析。

根据过往的经验，进行价格测试会测试三个价格，分别为消费者心理合理价、最高价格、最低价格。消费者心理合理价也就是顾客认为的正常市场价格。最高价格是超过多少他会放弃购买，最高价格是购买的上限。最低价格是指商品低于多少钱消费者同样会放弃购买，消费者对商品的定价其实也是有预期的，产品一定不是越便宜越好。消费者认为你低于他的心理低价可能就是产品有问题，尤其是会影响到身体健康的食品、药品、衣服等，如果价格过低，顾客就可能拒绝购买。最好通过测试找到那个大家能达成共识的价格，或意见比较集中的价格。

5. 产品壁垒测试

（1）产品壁垒测试的四个维度

◆ 产品可替代性或可复制性

产品越容易复制或模仿，产品壁垒就越低，阻击对手的力量越弱，产品的溢价能力越弱；反之，壁垒就越高，溢价力越强。食品、服装就很容易替代。

◆ **竞争对手替代成本**

竞争对手在模仿或替代自己时，他们的成本有多少？如果竞争对手的模仿或替代成本远远高于自己，说明竞争对手对自己造成的威胁比较低，因为对手没有成本优势。

◆ **客户转换成本**

如果客户很容易被对手拉走，而且客户转换的财务成本和时间成本都很低，这种替代性就很强，说明产品壁垒不高。反之，产品壁垒就很高。比如银行业需要转户，必须本人到当地营业厅去销户，填写各种表格，手续比较烦琐。如果账户有资金，还需要先取出来等。很多人觉得太麻烦，而且银行业的产品差异化又很低，就放弃了。大多数人不愿意转户，有时候不是他满意度高，而是嫌麻烦。

◆ **产品差异化**

产品差异化越强，产品壁垒越高；产品同质化越强，壁垒越低。如果商品都差不多，顾客选择哪家的商品都一样，顾客随意选择的余地就大。

（2）产品测试方法

上面我们讲述了爆品产品力测试的内容，接下来我再说说产品测试如何有效落地。我在实际工作中做产品测试，有三种常用的落地方法，即领先用户测试法、模拟场景测试法、真实场景测试法。

◆ **领先用户测试法**

就是要求粉丝参与进来，了解他的真实想法或让他参与真实的产品体验，静静观察用户在体验过程中的潜意识动作和异常情绪反应，并把关键细节记录下来供后续分析。随后针对异常的反应挖掘背后的原因。

◆ **模拟场景测试法**

就是根据真实场景建立一个产品模拟场景，让消费者在模拟场景中体验产品。我过去做的模拟场景是仿真型封闭空间，四周由玻璃隔开，从里面看不见外面，外面观察员可以看见里面参与体验的受测试者的体验行为，观察受测试者在自然状态下的每一个细节表现。

◆ **真实场景测试法**

就是在正常场景状态下观察测试者的整个体验过程，比如去餐馆看消费者点菜习惯、吃饭习惯。真实场景测试法有一个操作要点：真实场景测试不要刻意去做调查，而要留心消费者在正常消费状态下的行为特征，以及消费者体验产品时做出的习惯性反应和异常反应。

6. 顾客满意度管理

产品上市一段时间后，我们会做客户满意度调研，尤其是服务行业。我们通过客户满意度调查来挖掘整体产品存在的瑕疵，为产品优化升级提前做准备。做客户满意度测试，首先要搞清楚影响客户满意度的要素有哪些。

（1）影响顾客满意度的核心要素

根据我过往的经验，影响顾客满意度的核心要素有三个，分别是期望值、价值感、比较锚。

期望值：顾客购买一种商品时，内心都会对该商品产生一种价值预期，我把它称为期望值，不同的人会有不同的期望值。

价值感：顾客体验产品后，产品带来的价值感受称为价值感。我研究发现，顾客购买的不是商品本身价值，而是价值感。顾客价值感越强，满意度就会越高。

比较锚：顾客购买商品时往往会与同类商品进行比较，在比较过程中得到价值感。我把这种行为结果称为比较效应。比较效应对顾客满意度有调节作用。

顾客满意度、期望值、价值感、比较锚四者存在一定关系，如

图 4-8所示。

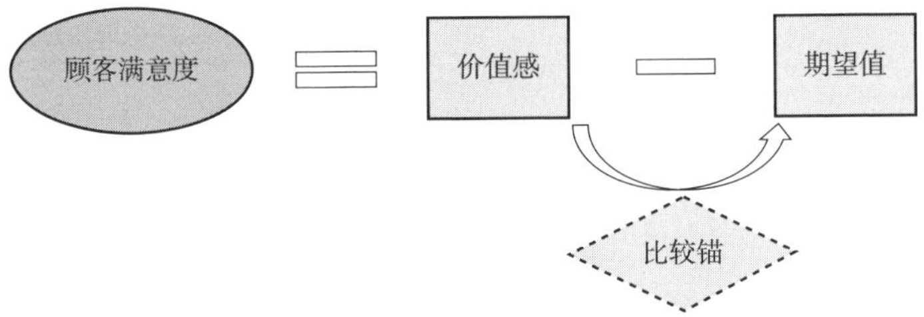

图 4-8　影响顾客满意度核心要素

我们从图 4-8 中可以直观地看出，顾客满意度与期望值呈反比例关系，也就是说，期望值越高，满意度会越低，因为有心理落差。俗话说，期望越大，失望越大，就是这个道理，因为人的欲望是无止境的，导致期望值往往会高于真实价值感。

治疗同样一种病，患者对乡村小诊所和三甲医院的满意度是不同的。我原来做医药咨询项目，到农村发现乡村诊所里会有很多锦旗，感谢某某医生医术高明、妙手回春等。你到三甲医院，很少看到满屋子挂的都是锦旗。难道三甲医院医生不及乡村医生水平高吗？为啥没人给他们送锦旗？因为患者对三甲医院和小诊所的期望值不一样。患者去三甲医院的预期就会提高，他们认为三甲医院就应该治愈他的病。三甲医院帮他治好了是理所当然的事，如果没有治愈，他心理落差就会很大。同样一种病，患者对乡村小诊所就没有那么高的期望值，如果治好了，患者的满意度自然就高。三甲医院和乡村诊所治愈同样的病，患者的满意度却不一样，其实这就是受期望值的影响。

顾客满意度与比较锚也呈反比例关系，比较锚越高，顾客的满意度就会越低。为什么有些企业实行工资保密制度？其实也是这个道理，工资保密制度就是消除比较锚。如果小张从别的公司跳槽过来，与原来的单位相比工资稍微高了几百元，他的满意度就会提高很多；工作一段时间以后，和别的同事混熟了，他发现同岗位级别的同事能力还不如他，但是工资比他高 200 元，他马上就心理不平衡。所以很多公司建立工资保密制度，员工之间不允许打听薪资，直接把比较锚消灭掉。

顾客满意度与价值感呈正比例关系，价值感越强，顾客满意度越高。顾客购买的往往是一种价值感，并非价值。住五星级酒店和住四星级酒店，其实都是为了晚上休息好，能够让顾客休息好是酒店的价值，但是顾客对五星级酒店的价值感就会高一些。同样地，如果五星级酒店一点小细节没有做好，影响了顾客感受，价值感就会下降。

所以说顾客满意度受期望值、价值感以及价值锚三个变量的影响。掌握了这个规律，你就知道如何提升顾客满意度了。

（2）如何提升顾客满意度

一是管理好顾客的预期。适度降低顾客预期可以提升顾客满意度。预期越高，心理落差就会越大。

二是用好比较锚。在顾客做同类商品比较时，尽可能选择一个比自己差的对象来垫背，也可以提升顾客满意度。找到这个比较锚很关键。

傻子瓜子的老板年广九发现别的老板卖瓜子都是一次在秤盘上放很多瓜子，然后再一点点减少。由于比较锚的作用，顾客的感觉就是越来越少。他反向操作，给顾客称瓜子时，每次都是抓一小把，不够再添加，而且反复添加，给别人的感觉是一直在增加，顾客满意度也在提升，称好以后再送上一小把。其实年广九就是运用了销售心理学，这就是比较锚在起作用。

三是在结尾时提升价值感。心理学研究发现，只要结尾体验满意度高，就会拉高整体体验满意度。所以结尾不是结束，而是下次服务的开始。

有一年冬天我去南京出差，在高铁站附近有一家卖羊肉汤的，我走进去就点了一碗老板娘推荐的招牌羊肉汤，我快喝完时，发现碗底有一只青虫，老板娘说：可能是香菜里的。不管这只青虫是哪里的，这件事情都给我留下了阴影，我不再喜欢羊肉汤。果不其然，一年以后再路过那里，那家羊肉汤馆就改名了。

衡量顾客满意度其实没有统一的标准，因为顾客满意度是个人的主观感受，对同一种商品不同的人会有不同的价值认知，产生不同的满意度。去饭店吃饭时，针对同一道菜，喜欢吃辣的群体对有辣味的饭菜满意度会高，不喜欢吃辣的人群就会觉得辣的不好吃。所以顾客满意度的真正来源，不一定是产品本身，而是顾客获得的价值感。

第七节　爆品 45 度精进方法

对爆品进行一系列的测试后，针对发现的问题需要做产品优化升级。即使当时没有发现产品问题，随着市场的变化也需要持续做产品精进。产品如何做精进？具体的路径和方法如下：

1. 趋势导向

市场的发展是动态的，随着外部环境的变化而变化，要及时把握需求的变化方向，创造出情感共鸣与实用价值双重需求，为产品赋予魔力！如果行业趋势、品类趋势都是在一条错误的道路上，就会越努力，与自己的终极目标越远。

2. 痛点聚焦

产品精进需要痛点聚焦，找到仍未化解的麻烦，而不是胡子眉毛一把抓。什么都想要，最后的结果是什么都得不到。任何一个商机的原点都是生活、工作、娱乐、学习等场景中的高频痛点。做产品优化只需要针对高频痛点做到极致，非高频的应用不要出现低级错误或致命缺陷即可。产品精进时还要考虑边际成本。

3. 走进真实应用场景

贴近用户体验场景、洞察用户体验情绪、发现不爽和抱怨点是做产品精进的切入点。你所发现的问题一定是用户觉得需要改进的地方，而不是你自己认为需要改进的地方。在现实中很多管理者做产品都存在自恋或自我挑剔心理，总是站在自己的角度去定义产品，不去考虑顾客的感受。

要学会寻找客户购买行为的底层动机，挖掘需求本质。我们在研究顾客购买行为时，不是只看销售数据或看消费者的表面行为表现，而是要找到是什么因素驱动客户产生购买行为，了解客户为什么要购买某个产品而不去选择其他同类产品。需求背后的购买动机才是需求的本质。

4. 消灭高频痛点

不断优化产品，快速迭代升级，一定要聚焦高频的痛点，不要为突发性痛点去浪费时间。高频才能让用户产生黏性，偶发性的痛点可能是个人因素造成的，并不代表大众感受。大可不必为偶发的痛点去花费精力和财力，以致误导决策。因为人的个性存在多样性特征，这种多样性使人的需求也是多元化的。100%的客户满意只是理想状态，现实中是无法实现的。你能够消除高频的痛点，足以俘获顾客的心。

5. 精准定位

现实中你会发现想要满足所有人的产品都是失败的，所以客户定位一定要精准。同样，在做产品精进时要分步操作，一次只满足一类人，采用小步快跑、迅速迭代的模式。做产品升级步子不能迈得太大，就是我强调的45度精进。我们在做产品时常常会犯一个错误，就是追求平均化，做老好人。

我过去给一家企业做产品顾问，他们做一款麻辣香肠，在进行产品测试时产生了分歧。以张三为代表的麻辣派说麻辣味很好；以李四为代表的清淡派就主张不要放花椒。结果这个工程师就做老好人，为了同时讨好李四和张三，追求平衡，放一点花椒，吃起来有花椒的味道，麻辣味道又不是太重。他原以为能够照顾到这两类人，事实却让他大失所望：以张三为代表的麻辣派就觉得不太麻，吃起来不过瘾，所以他们放弃了购买；以李四为代表的清淡派不喜欢麻的味道，哪怕花椒添加量很少也让他们感觉很不爽，他们也放弃了购买。目的是兼顾两类人群，最后两类人却都放弃了购买，这就是平均化的结局。

6. 满足客户综合体验感

魔力产品=心灵共鸣×超爽的功能×有趣互动

想让产品发挥魅力，各个要素之间是相乘的关系，心理上要让顾客产生共鸣，即点到顾客心坎上，如服务、产品概念打动人；生理上通过强刺激要使人感到爽；再加上有趣、好玩的互动，才能让客户上瘾，产生持续的黏性。

第五章

爆品创新

扫码购买本书配套课程

第一节 爆品创新七大来源

以上我重点介绍了产品创新思维、路径，爆品设计方法，接下来我们去探求爆品创新来源。我研究各行各业的产品创新，总结出七大来源。

1. 偶然事件引发的深度思考

爆品创新时，有些创意是来自不经意的瞬间，由身边的偶然事件所引发的自我思考。这里有两个要件：一是你要用心留意平时看到、听到、亲身经历过的突发事件；二是你要勤于思考。这两个要件缺一不可。就像牛顿发现万有引力之前，我相信很多人都看到过苹果落地，但是没人去思考为什么苹果会往下掉。所以要我们对偶然事件保持高度的敏感性和好奇心，从中挖掘爆品创意。

可口可乐的创意源自美国的一位名叫约翰·彭伯顿的药剂师。当初他期望创造出一种能提神的饮料，在调制配方时误把苏打水当纯净水用了，后来他发现用错了水，在决定倒掉之前尝了一口，结果他发现味道很特别，这个就是可乐的前身。这么偶然的一次错误却成就了一个百年品牌。

吉列剃须刀的锄头形刀架也源自一个偶然的故事。有一天吉列的老板在郊外散步，看见一位农夫扛着锄头从他身边走过，那位扛锄头的农夫给了他做剃须刀架的灵感。现在大家看到的吉列剃须刀锄头刀架就是这么来的。

邦迪创可贴诞生的逻辑也是这样。邦迪品牌其实源自美国强生公司一位名叫迪克森的职员，有一次他下班回家发现妻子做家务时伤到了手，自己没法包扎，他就用绷带帮妻子包扎伤口。在包扎过程中，迪克森发现这种方法很不方便，就思考能不能做出一个标准化的产品。回到公司后，他提出这个创可贴的创意。强生公司为了回报迪克森，就以他的名字命名这种产品为邦迪创可贴。

很多伟大的产品创意都是在偶然之中出现的必然结果。因为触动这个产品创意的事件是偶发的，但是好奇心和主动思考的习惯有必然性。

2. 善于发现国民级痛点，并思考解决方案

爆品就是对企业发展和产业升级具有战略意义的产品，所以需要平时多关注产业问题、行业问题、企业问题、社会问题等重大问题，找到问题根源和需求本质，把解决问题的方式转化成一种产品。用这个产品去推动产业升级和社会进步。社会是个矛盾体，人们每天都会遇到各种各样的问题，你可以把产品理解为解决问题的不同方式，然后把每一种方式都看作一个产品。这就是爆品创新的源泉。

与人们生活最贴近的就是衣食住行，这里面就存在各种各样的国民级痛点。对于出行而言，安全是底线，根据马斯洛需求层次理论，安全是底层的需求。在保证安全的前提下，才开始追求速度。基于人类对速度的追求，慢慢出现不同的出行方式，比如早期的马车、自行车、汽车，一直发展到现代化的交通工具——飞机、高铁。其实出行底层的需求就是一种更快的交通工具，基于这个本质需求，逐步叠加发展出来各种交通工具。这就是解决国民痛点带来的产业升级。

3. 产业的变迁和产业生态重构带来的新机会

德鲁克曾说过：无论产业如何变化，机会永远不会消失，机会只会从一个行业转移到另一个行业。产业变迁带来的发展机会也是爆品创新的战略方向，如果存在产业红利则更容易打造爆品。你要善于发现产业变迁的蛛丝马迹，从细节中发现趋势。

一个新产业的出现一定会显现一些趋势特征，根据过往的经验，可以留意产业要素变化、需求端的变化、供给端变化。

◆ **产业要素变化**

包括新技术投入、人才发展、国家产业政策导向、社会共识度等，这些都是推动产业变迁、产业发展的驱动要素，为你提供决策依据。

◆ **需求端变化**

包括主流用户群体变化、消费观念的变化、消费习惯改变、数量增长幅度变化、使用频度变化等。消费端也是驱动产业变迁的一股重要力量，比如现在大家都在提消费升级，其实很大一部分原因是需求端发生了改变，年轻人成长起来了，他们的消费能力远远超越上一代。

◆ **供给端变化**

多关注竞争对手数量的增减变化和行业领导者的战略发展方向。一是竞争对手的增减。一个新兴行业如果持续有竞争对手加入进来，说明这个行业是在发展的；一个行业不断有竞争者退出，说明这个行业已是夕阳产业，因为无法盈利才会选择退出。二是留意行业领导者技术研发方向。行业的领导者就是行业未来发展的风向标。他们能够引领产业方向，多关注行业领导者的动向可以避免走弯路。一旦行业领导者达成共识，未来产业就可能朝这个方向发展。近几年很多大企业都在做人工智能、智慧家庭、无人驾驶等前沿领域，中小企业做产品创新也可以从中获得启发。

4. 人口结构的变化引发的新机会

人口变化是推动产业变迁的一个非常重要的因素。人口数量的增减、年龄结构不平衡性、收入变化、教育水平变化等都是判断人口结构的重要指标。人口变化也会带来一些新的产业机会，所以要重点关注人口结构的变化趋势。像国家通过生育政策提升出生率，婴儿出生率的提升就会利好婴童产业，如奶粉行业、儿童服装、学前教育等。同样，中国人口老龄化也是一种趋势，老龄化会带来各种社会问题，也会创造一些新的商机。养老产业近几年就是一种新商业，围绕养老产业出现了新的不同的业态，像养老保险、养老金融、养老度假村、养老旅游、老人托管等，这些行业过去规模是比较小的，现在慢慢兴起来了。

5. 消费观念和习惯的变化引发的新机会

研究一下主力群体的消费者观念、消费习惯的变化趋势，你就能发现未来产品的战略机会在哪里。未来消费升级导致产品高质高价是必然趋势，国家一直提出高端制造，只有消费升级才能拉动后端的高端制造，同时高端制造业也会赋能消费升级。尤其是“90后”“00后”购买力增强了，消费观念和消费习惯发生了改变。过去老一辈购物只买便宜的，能凑合用就可以。老一辈买件衣服穿九年，即所谓“新三年，旧三年，缝缝补补又三年”。现在年轻人只买自己喜欢的，九件衣服都不够穿一年。他们会因为喜欢而购买商品，而不是因为需要才去购买，所以现在社交平台都变成了娱乐电商。年轻人会因为喜欢某个博主去购买他推荐的商品，而不是自己需要某个商品才去购买。

随着消费观念的升级，近几年出现了很多新产品机会，比如定制化产品越来越多。我有个客户做儿童猪定制养殖产品，每个家庭为孩子养一头猪，他们会根据客户要求，不喂饲料，还可以远程监控到猪的生活状态。现在很多服装企业都在开辟服装定制业务，来弥补传统业务的下滑。过去只有穷人才会定制服装，因为穷人买不起服装，都是自己买布料找裁缝做衣服，现在富人都开始流行服装定制了。这就是消费观念和习惯带来的消费行为的变化。近几年中国的旅游业出现快速增长，针对不同的群体、不同需求，旅行社提供个性化的旅游产品，以儿童夏令营、驴友派对、家庭套餐等五花八门的旅游产品满足不同人的个性化需求。过去旅游是一种奢侈品，村子里有个人出趟远门回来，全村人都觉得他很了不起。现在旅游成了很多家庭的必需品，甚至一年要去国外旅游几次，享受生活。关注用户消费观念和消费习惯的变化也是爆品创新的一个重要来源。

6. 新知识、新技术应用，引发产品创新

新知识、新技术的创新，以及新技术的广泛应用也是配套产品创新的重要来源。无人驾驶技术推广会引发该产业整体提升，需要大数据领域的产品创新、驾驶技术创新、无人驾驶汽车配套的零部件产品创新、物联网技术创新等。智能家居领域新知识普及推动整个家用电器的创新，冰箱、洗衣机、空调、电饭煲等领域都存在很多创新机会。

我有一个客户做化工产品，化工产品对身体健康是有影响的，早期他们只想把车间做一下改造，减少一线工人的工作量，那个时候还谈不上智能制造，后来尝到好处，就开始做全面升级。从生产车间到厂区物流，最后到仓库全部实现了智能化。走进车间，你看到的都是机械手操作，物流是 AG 运输车，仓库都是高达 30 米的自动升降的立体仓库，以及配套的自动发货系统。在销售旺季实现 24 小时作业，还不用发加班费，而且精准度比人工更高。

这里我需要提醒一点，在做产品创新时，新知识、新技术开发到转化为实践应用还是需要一个过程的，尤其是新知识的研究，在理论上可

能行得通，有时候在现实中未必做得成。这也是爆品创新经常遇到的难题，所以需要理论结合实际。就拿智慧家庭这个领域来说，格力、美的、海尔等大企业都在尝试，也只是取得阶段性的单点成果，一直没有实现有效落地。有一次我与一个客户交流关于智慧家庭面临的瓶颈，以他的见解，智慧家庭真正的全面落地还需要一个过程，目前只能做局部的智慧家庭。一是每个商家的 App 能否兼容对手的产品，这考验商家的包容性。很多商家的 App 可能都有排他性，最后受伤害的是用户，导致用户不愿意去尝试新生事物，不尝试就无法培养这种用户习惯，这个智慧家庭生态就难以良性循环了。二是产品应用场景的局限性。不管是冰箱、洗衣机、油烟机，还是空调设备，在家庭中的覆盖率都比较低。比如，你不可能在洗手间放一台海尔冰箱，也不可能在卧室里放一台大吸力的油烟机，不可能在走廊里装台空调。这种低覆盖率导致难以跟踪人的动态位移，无法跟踪动态位移就难以获得动态数据，没有即时数据的智慧家庭就像一个人缺了大脑，整体就会处于死机状态。所以，爆品创新要把新知识、新技术与现实情况有机结合起来，以提高成功率。

7. 国家产业政策战略导向

大家都知道做生意要紧跟国家政策的步伐，爆品创新也要及时了解国家的产业政策导向，就是把国家战略机会转化成具体的产品。看看国家未来大力支持哪些产业，限制发展哪些产业，对限制发展的产业要及时绕道走，避开这些坑。比如高能耗、高污染、产能过剩的行业要慢慢限制发展，甚至逐步淘汰，在这里你就很难找到爆品机会。因为外界的环境已经限制你的市场规模，一个企业不可能战胜外部环境。就像养鱼一样，鱼的生命力再强，一旦水质被严重污染，鱼也很难生存。一定要聚焦在国家扶持的领域挖掘爆品机会。新能源、新材料、芯片、物联网、智慧医疗、高端制造等产业，未来肯定会有大发展，扎根这些领域，研究爆品的成功率会更大一些。资本市场已经验证，电动汽车行业、大功率蓄电池行业、人工智能行业、智慧生态等最近发展都不错，市值都在持续增长。

以上七点就是我提供的开发爆品的几个方向。任何行业的发展都有其自身规律，你只需要找到这个规律，然后遵从其内在的发展逻辑即可。

第二节　爆品创新十大方法

在分享产品创新方法之前，为了降低风险，我先给大家提个醒，做产品创新不要轻易做第一个吃螃蟹的人，从B点介入是最佳选择。A点风险太大，C点时机太晚。这里有个判断临界点，就是市场占有率达到20%。当一个产品的市场占有率达到20%时，说明有一定的基础，或能够被市场接受，这个时候进去风险是最低的。

1. 行业细分法

行业细分法就是把一个大的行业进行细分，从细分领域找到新的机会。具体的操作逻辑是：大行业、小品类、强品牌。也就是说，你选择的行业一定要足够大，只有足够大的行业才能进行拆分，通过对大行业的拆分找到细分机会，基于细分机会做出强品牌来代表这个品类。这里我需要解释一下，小品类一定不是市场小，而是品类更聚焦。

服装行业是一个很大的行业，细分有男装、女装、童装、老人装等。海澜之家通过对服装行业的细分，聚焦男装品类，要做出男人的衣柜，男人买服装就会想到海澜之家。打车领域本身就是一个二次细分领域：滴滴打车是针对大众人群的；后来神州对群体做了进一步的细分，针对高端群体推出神州专车和商务用车，也获得一定的成功。细分度越高、越精准，越容易成功。

具体的操作方法：选择一个高认知度的大行业，根据顾客认知的品牌特征或产品特点给行业加上一个高附加值的细分定语。根据这个细分定语特征提炼出一个具有概括性的品类概念，把品牌打造成这个品类的代表，最后把差异化价值提炼为传播诉求点。各个环节的具体操作，从品类、品牌到产品需要保持一致性，即顾客核心价值=产品功能=品类概念=品牌内涵=传播主张=顾客价值认知。我们拿王老吉凉茶来分析，它的顾客价值是降火，产品功能必须真正做到预防上火，所以在产品配料里特别添加了降火的中草药成分。它提出的品类概念是降火的凉茶，品牌文化建设中提出了王老吉创始人是凉茶的始祖。它的传播主张为：怕上火喝王老吉。最后顾客认知上也接受了这个品类。所以，早期王老吉取得成功不是偶然的，而是经过一系列规划的。品类细分法的成功还取决于以下几个重要因素：

◆ **行业市场规模的大小**

选择行业规模必须足够大，能够为未来细分品类提供巨大的增量市场空间。

◆ **顾客对新品类认知的清晰度**

产品的品类属性、核心价值、品类特征都源自客户心中已有的原始认知，而不是企业自我定义的概念。即客户自己认为它是什么（产品和品类属性），有什么特色，有什么好处，好的标准是什么。对新品类属性，顾客一定要有清晰认知，否则教育成本太高。

◆ **细分定语溢价赋能作用**

细分定语特征必须具有高认知度、高附加值联想。比如青萝卜和水果萝卜，“青”也是一个定语，但是这个定语很抽象，没有什么附加值；提到水果萝卜，顾客会马上联想到水果的价值，“水果”这个定语就非常具体。

◆ **行业大品类能够为新品类认知背书**

由大行业为小品类背书，消费者就不需要太多的教育。任何的品类创新都必须与消费者已有的认知建立联系。

2. 品类复合法

品类复合法也称为品类集成法，从大家都熟知的品类中取各自优点或特征进行再组合，形成一个全新的品类。

奶茶其实就是一个品类复合法的典型代表，奶茶=茶+奶。奶是营养标签，茶是健康标签，把奶的优点与茶的优点结合在一起，就形成了一个全新的奶茶品类。而且消费者对奶和茶的品类认知度都非常高，所以开创奶茶新品类就很容易成功。拍照手机=打电话+拍照功能，在早期也是一个新品类，拍照手机的出现直接替代了傻瓜相机品类。后来出现的智能手机=拍照手机功能+电脑的上网功能，直接替代掉传统的拍照手机和部分电脑应用。

具体的操作方法：我平时探求爆品机会，往往会聚焦特定目标群体，寻找他们在日常生活、学习、工作等高频场景中，认知度最高且使用“频次”最多的产品或“使用量”最大的产品。然后把两个产品的核心功能提炼出来，再把两者的核心功能进行集成，使同一个产品能够解决两个方面的问题。这就是品类复合法的操作路径。

这里有两个关键点：一是这两种产品的品类最好类似，又是在同一场景下使用。比如，拍照和接打电话可以在同一个场景下使用，听音乐和跑步计数功能可以在同一场景下使用。二是只需要提炼 1~2 个核心功能即可，功能太多就会覆盖掉主功能。

在应用品类复合法时，也需要注意几条操作原则，可以提高爆品创新的成功率。

第一条原则：对原来的两个品类，顾客都有很高的认知度。不需要重新进行品类宣传，否则会造成新品类的宣传周期漫长、教育成本高。

第二条原则：两种原始品类集成后必须形成一个全新的品类。这就要求复合法不是旧元素的简单叠加，而是做品类创新。

第三条原则：新品类仍旧可以借力原来的品类认知优势。也就是说，旧品类能够为新品类赋能。

图 5-1 糖罐的品类复合法

如图 5-1 所示，我们可以借鉴糖罐这个品类来说明这个操作原则，消费者对糖的认知度很高，对罐子也有认知度，当糖遇到罐子的时候，就形成糖罐这个新品类，消费者就很容易接受糖罐这个新事物。所以你不要高估消费者的认知，你给他一个全新的事物，一旦他找不到心中原有的记忆元素，就会很难接受这个新品类。

3. 1+N 微创新法

1+N 微创新法就是基于自身独特优势做出差异，其他元素大胆借鉴，用一个差异点打通整个产品链。1 代表自己独创的核心变量，N 代表行业内可以借鉴的通用变量。我们在做产品时不可能在所有环节上都进行创新，而是集中在“关键变量环节”上寻求创新，“非关键变量环节”大胆借鉴行业内一些成熟的元素。这里有个重点：关键变量创新点一定要体现出自己的独特优势或特征，然后突出这个核心变量的价值。每个行业都有一些成熟的做法，而且有些成熟做法已经是被反复证明过的，这方面就不需要做创新。这样不但可以降低创新风险，而且可以提高产品开发的效率。具体操作方法有两个方面：一方面，找到产品应用的核心高频功能，集中资源把 1~2 个高频点做到极致、标准化，让客户尖叫，让对手无法超越。另一方面，找到行业中可标准化的通用变量直接借鉴，通过标准化提升效率、降低试错风险和研发成本，并保证品质的稳定性。

麦当劳产品线看起来丰富，有炸鸡、薯条、汉堡，其实他们的核心爆品就是五花八门的汉堡。为什么汉堡可以做成爆品？其实麦当劳就是做了1+N微创新。1就是那个汉堡坯子，N就是汉堡里面的各种馅料。汉堡坯子需求量最大，通过标准化节约制作时间，且质量稳定；面坯子标准化以后就实现了规模化生产，降低了单位成本，所以汉堡利润很高。必胜客的比萨采用的也是这种模式：1是面饼，N是撒在上面的馅料。面饼可以标准化，不同的馅料构造了不同的比萨。根据我对过去各个行业的研究发现，1+N微创新模式是目前行业中最常用的产品创新方法，而且是风险最低、成功率最高的新品创新模式之一。

4. 对标创新法

需要先找到行业中的对标企业和对标产品，然后对对标产品进行拆解，点对点对标分析，找到对标产品的可改进点和借鉴点，最后在可改进点中体现出自己的特色。对标创新法有两种实施路径：一种是直接借鉴。依靠自身优势资源形成的成本优势直接模仿对标产品，靠成本优势取胜。另一种是超越性借鉴。找出对标产品优秀的价值点和致命缺陷，对优点进行借鉴，对缺陷进行改良升级，使产品更完善。即针对同一核心功能进行改善，让产品更符合客户体验，且能够形成自己的独特优势。海飞丝强调去屑，风影强调去屑不伤发。我曾帮一个坚果企业做产品创新，提出“好吃不上火”。因为很多消费者对坚果的认知是：吃多了会上火，尤其是夏天吃坚果。这种认知导致坚果销售存在一定的周期性，当年的9月到次年的3月是坚果销售旺季，4—8月是坚果销售淡季。

对标创新要想取得成功，一定要把握好四个关键：

（1）找准对标对象是成功的关键

如果你参考的对象都搞错了，就相当于打靶没找对靶标，不可能取得成功。对标对象一般会选择与自己业务类似的，这样做对标研究才更有意义。

（2）行业集中度越低越容易成功

如果一个行业集中度非常高，后来者去模仿领导者，成功的概率非常低，关键是很难获得客户认同。

（3）具有成本优势

一般后来者去模仿成功者，价格杠杆是最有效的方式之一。除非你在性能上超越对手一大截，而且这种差别优势能够让顾客感知到。

（4）对手存在致命缺陷

对手存在软肋，你才有进攻的机会。对任何产品，你只要用心去研究，都能够找到进攻的切入点。蚂蚁灭掉大象其实也不是不可能。

5. 市场专业化

通过市场细分，聚焦特定人群的不同需求，一站式满足他们。每个人的需求都是多元化的，针对同一个目标人群，基于不同职业、场景、消费习惯，会存在不同的需求，这就为市场专业化的产品创新方法提供了机会。

中国的人口红利在逐渐消失，靠人口增量拉动需求越来越难，未来做产品的模式与过去会有所区别。过去是产品稀缺，流量获取成本低，很多商家都致力于把一个产品卖给更多的人。现在是流量稀缺，产品过剩，引流的费用越来越高。根据互联网统计数据，不同行业的获客成本如下：热点关键词搜获 300 元左右，直通车不同行业引流费用也在 150 元左右，整套家装引流成本最高 7000 元左右。从当下获客成本来看，如果顾客没有二次购买，第一次交易基本是亏本买卖。获得一个精准客户就需要把他留住，一站式满足他们的需求。这就是市场专业化的价值和意义。

关于市场专业化有不同的细分维度，一般按照年龄层次细分为儿童、青年人、老年人。比如，针对婴幼儿群体不同的应用场景需求，可以开发奶粉、辅食、童装、幼儿生活用品、婴童馆、婴幼儿教育等产品，一站式满足这个群体的需求。针对年轻人也可以设计不同的场景产品，比如旅游场景产品、运动场景产品等，都是市场专业化爆品创新思路。

6. 人性洞察法

人性是一切需求和消费行为的原点，相对其他因素，人性是最稳定的要素，一切需求的本质都要回归到人性层面。人性底层的需求大概可归纳为：食、色、欲、懒、奇。你所看到世间人类的一切行为都是人性呈现出来的不同形式而已，万变不离其宗。

由于人的欲望和需求衍生出各种各样的商机。由于人性中的懒，催生了外卖生意的火爆。消费者也知道外卖吃多了不健康，但就是不想迈开步子走出去，更别提自己做饭，尤其是“90后”。七天懒人袜，一盒有七双，每天一双，一周内不用洗袜子，网上卖得很火。这就是满足了人性中懒的需求。

7. 国家战略导向法

国家战略导向法就是顺应国家的产业政策导向，从中找到爆品机会。国家产业政策往往是一个行业兴起的风向标，做生意、开发爆品一定要顺势而为。比如“十四五”规划推动了新能源、智能制造、智能化、数字化等一些高新技术产业发展。从中你会找到很多爆品创新机会，新能源产业催生了电动汽车，风力发电也出现阶段性增长，各个省份由政府牵头都在探索数字经济，未来在数字经济领域一定会出现很多颠覆性的爆品。未来，围绕智慧城市大规划，会出现智能灯杆、智能照明灯、智能信号灯等。

8. 市场补缺法

市场补缺法就是找到一些小而美的细分市场空缺机会。前期这个机会在萌芽阶段，由于规模非常小，行业领导者看不上，你就可以获得先发优势和快速成长的机会，慢慢成为细分行业的领导者。市场补缺法在实践中有一个关键点：在产品立项前期，一定要做深度的市场需求调研，反复论证这个市场空缺是否存在真实的需求。不是所有的市场空缺都存在市场需求，比如一些衰退行业或产品面临淘汰的行业，很多企业退出市场造成的市场空缺，就不存在真实的需求。如果觉得有市场空白就一头扎进去，很可能会深陷其中无法自拔。所以你发现了市场机会一定要反复测试、论证它的真伪，避免掉入有市场空缺、没有市场需求的坑中。

我当年做过一个台湾肉纸产品，是一种非常小众化的休闲肉制品，这种产品的视觉差异化非常强，很多人愿意尝试购买，慢慢获得了年轻人的钟爱。休闲肉制品领域规模比较大的是香肠、肉脯、家禽类，但是这些行业竞争也非常激烈。如果我当初切入这个看起来规模很大的红海市场，也未必能够胜出。

9. 优势领导法

优势领导法是基于自身竞争优势开发新品、创造需求、引领消费的一种模式。优势领导法在实际应用中有一个关键点：更适合行业领导者。因为行业领导者自身具有标杆效应，很容易引导顾客接受新事物，很多产业发展往往也是由领导企业创新推动的。在 5G 通信领域，华为领先全球，华为在5G领域的动向，比如新技术投入、战略调整，都代表着5G领域的未来。华为在5G领域推出新产品，有华为的品牌背书，也更容易被市场接受。同样在口香糖领域，益达也算是大的品牌，益达的广告诉求是饭后嚼两粒，人们过去吃口香糖的习惯是饭后嚼一粒，现在就不由自主地饭后嚼两粒，这就是领导者的魅力所在。如果你的企业处于行业领导地位，你就可以借鉴优势领导法来开发爆品，引导需求。进入消费升级时代以来，消费升级会拉动产业蜕变，给行业领导者更多的创新机会。

10. 老产品升级与延伸法

当一个好产品已经不符合市场需求趋势或不能满足顾客多元化需求时，就需要通过对老产品进行升级和延伸产品线来满足市场需求。任何一个产品和品类都是有生命周期的，当消费者认知发生改变、消费习惯发生改变时，对老产品就需要赋予一种新的生命力。随着生活水平的提高、知识的丰富、认知水平的不断提高，人们对过往的产品需求欲望会下降，如方便面行业需求缩减，其实就是人们对方便面的认知发生了改变。现在消费者已经度过温饱期，不只追求底层的生理需求，还追求更高层次的精神需求，慢慢对低附加值产品的需求欲望在减弱。现在“90后”的购买行为，不只是因为需求才购买，而是因为喜欢才去购买，这种顾客心理认知的变化会颠覆传统的产品思维。过去做产品都在拼命追求产品使用寿命，认为使用时间越久越好；现在消费者的消费模式发生了变化，很多产品被消费者抛弃，不是因为不能用了，而是因为跟不上流行趋势。

诺基亚在第三代手机时代曾辉煌过，是全球销量最大的手机，生产商但是诺基亚在智能手机时代跌落了神坛。诺基亚的创始人总结：诺基亚手机的失败是因为质量太好了，诺基亚手机用不坏，导致消费者更换新品的速度太慢。自己被自己的优势给打败了，可笑又可惜。

（1）产品的升级

产品的升级和产品延伸其实是两个方面的问题，接下来我也分开阐述如何做产品升级和延伸。在做产品升级时往往需考虑以下几个要素：

第一个要素：产品差异点。产品是否有明显的差异点，或产品过去的差异点是否依然有效？产品一旦成为爆品，很容易被他人模仿，模仿的人多了，这个差异化的优势就消失了。所以差异性是评价产品是否需要升级的一个要素。

第二个要素：市场趋势。由于消费者认知和消费行为变化，产品可能已无法满足他当下的需求。如果不能满足，就需要做产品升级。在过去农村穿衣服都喜欢花花绿绿的颜色，颜色越靓丽感觉越时尚。现在的人都在追求简约，越简单越好。

第三个要素：市场销量。市场销量往往是判断产品是否需要升级的定量指标，有两个维度，一个是当下的市场规模销量，另一个是增长率，其中增长率更为重要。如果产品没有持续的增长，就需要去分析，找到增长停滞的原因，进行产品升级。

第四个要素：产品毛利率。如果产品的毛利率持续下降，这个产品可能面临着老化，需要升级。

我们在进行产品升级时，往往会围绕以下几个方面展开：定位升级、概念升级、功能升级、外观升级、包装升级、服务升级等。判断这个产品升级是否成功有一个关键点：看产品是否衍生出新差异点或新使用价值，甚至成为新品类。产品升级不是数量叠加效应，像量贩装、加量不加价、多送赠品，这些数量上的叠加最多是一种促销手段。促销手段不会提升产品附加值，反而还造成产品毛利率的下降。产品升级的本质是创造新的价值或增加附加值。

简单来说，从一张纸到一堆纸的过程，只是数量上的叠加，纸的品类属性没有发生本质改变。从一张纸变成纸团，就形成了全新的品类属性，不只是简单的纸张叠加，而且与纸还具有高关联性。这就是产品的升级方法（见图 5-2）。

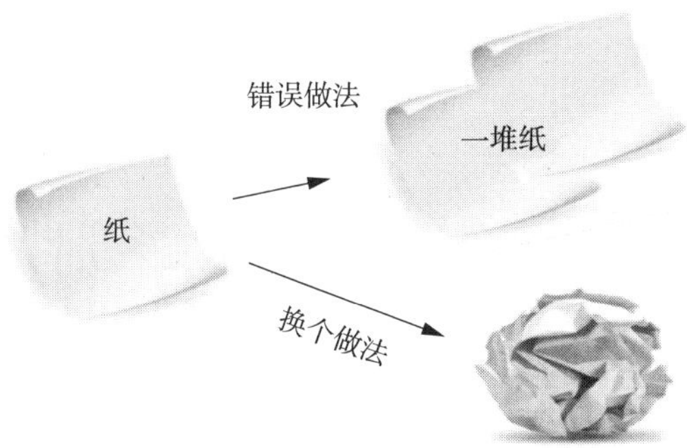

图 5-2　产品的升级方法

（2）产品的延伸

当产品不能满足顾客多元化需求时，就需要做产品线的延伸。当顾客消费场景发生改变时，主流消费群体、消费者认知等也发生了变化，需要围绕这些变化研发新的产品线来满足他们的需求。在做产品线延伸时往往有三条路径：同一产品线延伸、同一品类延伸、跨界延伸。

◆同一产品线延伸

针对同一目标群体的不同消费场景、不同偏好做产品线延伸，来满足他们个性化的需求。以矿泉水为例，以家庭消费场景为核心的泡茶用水，就需要 5 升家庭实惠装；针对大众即饮消费就需要 500 毫升大众产品；针对旅游人群，就需要 300 毫升口袋便利装。

◆同一品类延伸

同一品类延伸也可以理解成同一品牌下产品系列化来满足同一类消费群的不同需求。同一品类延伸有两个关键点：一是同一品类下的产品必须归属同一个品牌；二是聚焦同一类人群的不同需求。我拿东方树叶的案例来诠释一下同一品类的产品线延伸。

东方树叶的消费者聚焦在中高端人群，产品线延伸也是有一条品牌主线的，这条主线就是茶饮料的发展历史。茶的原产地是中国，就用原味绿茶来代表中国文化元素。后来马可波罗来到中国，离开时把茶带到欧洲，欧洲对中国的绿茶进行了改良，做成乌龙茶，乌龙茶代表欧洲文化元素。18 世纪英国文化对世界的影响比较大，红茶是英国的皇室贵族才能喝的一种饮品，所以用红茶代表英国文化元素。现代年轻人更喜欢花茶，花茶就代表年轻人的文化元素。东方树叶的四个产品系列是四种口味，也代表不同的群族文化。东方树叶有很多忠实的粉丝，带动了这款产品的销量。

◆跨界延伸

跨界延伸方法是突破原有的品类属性做产品线延伸。跨品类延伸有两个成功关键点：一是原有品类能够为新品类赋能；二是跨品类延伸只是突破所属的细分品类，从大品类的角度来看并没有打破品类边界。

小米就是一个跨品类延伸的代表案例。小米做手机、手环、音响、洗衣机、电饭煲等各种产品，好像无所不包，但是并没有突破电子产品边界。看透小米做产品线延伸的本质以后，你就不会认为它“不务正业”，而是在追求产品的高性价比。小米的内部文化也是倡导逼疯自己、逼死对手的极致精神。

故宫做口红也是相当成功的，其实故宫做口红遵照的是第一条原则，即原始产品能够给新产品赋能。我曾经研究过为什么故宫做口红可以取得成功，我把它归于四个关键要素：

1）高知名度：故宫知名度高，自带流量，可以为口红引流。

2）高附加值：故宫本身就是皇家尊贵身份的代表，能够为口红带来高溢价。

3）高关联度：故宫的主色调是红色，与口红具有强关联性。

4）群体精准度：旅游群体很多是高消费人群、年轻人群，购买力强。

这四个成功要素对其他行业的产品跨界延伸同样具有借鉴意义。

未来我们做产品的关注点，不只是同行业中的对手，更重要的是那些看起来好像与我们无关的“外来入侵者”，他们才有可能会跨界革命。在互联网时代，给企业致命一击的未必是直接竞争对手，很可能是来自其他行业的跨界者。超市收银台口香糖销量的下降，是竞争对手造成的吗？从行业数据来看，对手的生意也在下降，最后你发现罪魁祸首竟然是手机。过去购物大家排队付款时会东张西望，看看收银台旁边的货架，随手拿一盒口香糖放进购物篮里。现在大家逛超市的频率在降低，排队时都在低头刷手机，而不是看货架。方便面的需求下滑，也不是康师傅、统一、白象等行业内部相互抢生意导致的，它们的共同敌人是美团、饿了么。

第三节 爆品创新机会的有效性论证

爆品创新方法在应用过程中一定不能生搬硬套，任何创意都必须经过实践验证才能落地。接下来我介绍一下爆品创新机会的有效性论证方法。

爆品创新的方向是否行得通，还需要经过论证。有些行业存在很多商业机会，但是如果企业本身不具备相关实力，也无法抓住。机会不是绝对的，而是相对的。如何论证爆品创新的机会是否有效，需要从外部因素和内部因素两个方面综合判断，得出可行的决策。

1. 市场足够大

我们先从外部市场因素来分析机会，通过分析找到一个产品机会点或产品概念，你首先要论证市场规模是否足够大，只有足够大的规模才可能支持企业盈利。市场规模包括目前的存量规模和未来的增量规模。存量规模解决当下的生存问题，因为企业不可能去长期培育市场，所以先找到当下的存量规模比较合理。这个行业数据可以从行业网站、同行那里获取，还可以买第三方机构的行业数据。拿到这个数据以后，还需要对数据做一个论证，从另一个维度分析市场，找到目标市场精准的消费群体，看这个群体是否足够大，还要了解这个群体的消费属性是否属于刚性需求，一年消费频度是多少。如果消费群体很小，本身又属于可用可不用的产品，那最好不要轻易涉足。

我有个朋友曾经要做左撇子餐具，其实我一直不看好这个品类，听起来目标群体很精准，其实受众群体很小，而且左手用的餐具和右手用的餐具本质上差别不大，只是使用方式不同，没有刚性需求。这就是对存量规模的判断。

2. 增长足够快

看一个行业是否有未来，就是要看行业的增长幅度。对行业增幅的判断一般有两个指标：第一个指标是看行业领导者每年的增幅是多少。一般新兴行业领导者的增长幅度高于行业平均增长幅度，传统行业的领导者增幅可能会低于行业的平均增幅，因为它的基数比较大。第二个指标是对标国家的 GDP 增幅。如果一个行业增长幅度低于国家 GDP 增幅，说明这个行业增长比较乏力；如果一个行业增幅超过国家 GDP 增幅的 3 倍，说明这个行业增长潜力比较大；如果一个行业增幅超过国家 GDP 的 5 倍，可以认为这是爆发式增长的行业。

3. 对手足够弱

有前景的行业一定会面临一个无法回避的问题，就是要应对竞争。当竞争来临的时候，你要评估自己是否有胜出的把握。我们在分析对手时往往会分析行业前三名，看它们具备哪些优势和短板，行业前三名合计市场占有率是多少。这里有一个行业通用的判断指标：一个行业或局部市场如果前三名加起来市场份额达到 70% 左右，说明行业集中度比较高，对手实力比较强。在这种竞争格局下，后来者胜出的概率非常低，可以理解为进去也是送死，不如选择不进入，如果深陷其中也要及时止损。

我有个朋友在头部的奶制品企业工作了大半辈子，认为自己拥有了各种渠道资源，总想在奶制品行业创造一个黑马产品。我一直劝他不要进入这个领域，因为奶制品的行业集中度非常高，这个行业基本被伊利、蒙牛、光明三大品牌给垄断了，再加上区域性地头蛇品牌，所到之处，基本都是四足鼎立的竞争格局。有些地方品牌，比如南京卫岗、河南花花牛、北京三元牛奶，背后的老板也很有能力，控股股东一般都是地方国企或地方政府。如果在牛奶行业新做一个品牌，很容易被绞杀。所以先要分析对手，判断自己是否有胜出的把握。这就是赢的逻辑。

4. 自己足够擅长

对手足够弱的另一个维度，就是找出自己的擅长点。所有的强弱都是相对的，如果对手在行业内公认很强，但是在某个点上自己足够擅长，仍然可以打败对手，这就是避实击虚策略。任何事物都有弱点，成败的关键在于：在对手的弱势领域能否体现出自己的专长。就像体育比赛，有些人耐力好，善于长跑；有些人爆发力好，善于短跑。无论如何总要找到一个自己擅长的点，把它发挥到极致，这是竞争制胜的法则。找到这个优势点的方法包括两个方面：一是拥有独占性资源。就是你有的资源，对手不具备。二是拥有独占性的能力。你有的能力对手没有，或者在某个方面你比对手做得更好。让对手看得见、学不会、用不上的核心能力，就是你竞争制胜的抓手。

5. 商业价值论证

以上四个因素是外部因素，接下来还要看内部因素。内部因素分析更侧重于商业化可行性，而不是停留在概念上，直接关系到商业价值能否落地。

商业价值论证就是考虑整个价值链上的盈利水平。如果整个产业价值链都不盈利，再好的产品也很难成为爆品。一个产品能不能快速引爆，企业盈利能力起到至关重要的作用。商业价值论证包括两个方面：一是企业盈利水平；二是利益相关者的盈利水平。如果企业不盈利，企业打造爆品的意愿和效率就会下降。如果价值链上的利益相关者不盈利，他们也没有培育爆品的动力，靠企业自身的力量必定势单力薄。所以商业价值要兼顾两方面的利益分配原则。

（1）技术转化可行性

过去做产品，我经常遇到一种现象：市场部门和销售部门都看好一个产品，无论从消费者需求的角度，还是行业发展的角度，大家都觉得某个产品很有前景。营销部门立项后与研发部门沟通，研发部门认为基于企业现有的技术条件、生产设备难以实现，虽然采用各种方法去尝试，最后还是未能达到理想状态。要么产品质量稳定性差，要么制造成本偏高，最后只能放弃。基于此，我提醒产品负责人，在新品立项前就要考虑技术可行性，包括技术难度、原辅材料易得性、制造成本、生产周期等各种影响因素，避免半途而废，劳民伤财。

（2）企业资源共享性和兼容性

开发全新的爆品一定要考虑现有的资源条件，最好能够与现有的资源共享，通过共享可以提升新品开发效率，也有利于提升现有资源的使用率。资源的共享性包括制造设备通用性、队伍共享性、品牌共享性、渠道兼容性等各个方面。如果不能共享现有的企业资源，就需要评估投入新资源带来的回报率和潜在风险。比如，开发某一个新品需要购置新设备、组建新团队、开发新渠道等，就需要考虑成本大小、项目回报率以及回报周期等，最后做综合性评价。

我原来给一家比较成功的农资企业做过咨询，公司主业务是农药和种子、肥料农产品。董事长认为随着国家对土地流转税的推行，中国农业未来的发展趋势一定会走向种子、农药、肥料一体化服务模式，就是把种子、农药、肥料做成套餐，一次性卖给农户。企业经过几十年的市场运作，渠道、团队比较完善，高层就提出来导入复合肥项目，采用种、药、肥一体化模式。他们的种子业务和农药业务已经非常成熟，只需要导入一个肥料产品即可。他们认为肥料业务模式最简单，开发一个肥料爆品，借助农药和种子的渠道，很容易成功。事实证明这个想法过于理想化，他们没有想清楚三个品类的成功要素是不同的。原来的种子业务、农药业务都是各自的独立团队在运作。种子生长周期长，风险大，一般推一个种子新品需要两年，经过 1~2 个完整周期的效果验证，代理商和农民心里才有底，所以买种子的农民非常谨慎。农药是个技术活，对技术要求最高，尤其是除草剂，一旦判断错误，会把庄稼毁掉。农民用什么农药需要找专业人士把脉。复合肥是个标准化产品，哪怕氮、磷、钾含量低一点，也不会对收成造成很大影响。所以肥料是按照消费品的套路在做营销，都是打价格战，搞赊销，拼的是代理商的资金实力。每个业务模式都不一样，就算开发一款复合肥投入市场，农药代理商也可能根本看不上复合肥这点利润，而且复合肥要靠赊销做生意，但由于农药客单价低，所以很少有赊销行为。种子团队和农药团队这么多年已经形成了思维定式，现在既要懂农药，还要懂种子和肥料，对团队的专业化能力考验非常大。由于企业前期没有考虑现实资源、条件的兼容性，做出来的复合肥爆品靠农药的渠道很难快速把销量拉起来。有些企业针对某个爆品去定制生产设备，最后爆品没有实现销量突破，定制化设备也直接成为废品。由此看来，资源的兼容性非常重要。

第四节　爆品创新九大陷阱

过去不管是在企业管理产品，还是做咨询顾问辅导企业做产品，我发现很多人犯过的错、踩过的坑基本大同小异。我把这些教训进行整理，概括为爆品创新九大陷阱。做爆品先学会不犯错，再学会慢慢走向成功，这也是做爆品的成功法则。

1. 市场存在伪需求

过去有家国内非常知名的企业做了一个不含酒精的饮料，以为这个产品可以成为一款爆品，后来成为天大的笑话。企业当时定位的消费群体是想喝酒而不能喝酒的人。这些人有喝酒的欲望，享受喝酒的快感，而又不能喝酒。这是什么样的人呢？就是想找到喝酒的快感，又要开车的人，产品负责人认为这是一个很不错的想法。产品上市后先投了很多广告费。广告诉求：还在喝酒，你 OUT 了。最后发现销量没有达到预期，大半年后就开始特价处理库存，然后在市场中消失了。据我分析，他找到的这个需求是伪需求，不是一个真实存在的市场。喝酒的人其实关注的不是酒的口味，而是那种酒后飘飘欲仙的感觉。由于这款饮料不含酒精，体验感与普通饮料一样，找不到那种感觉，真正喜欢喝酒的人不会选择它。不喜欢喝酒的人，因为它的啤酒味道很重，也不会选择它。年销售额几百亿元的大企业都会犯这种错误，一般企业更难逃脱这种思维。

还有一个产品叫雨衣式雨伞，雨伞和雨衣做成连体式，当时的产品创意是上面可以顾头，下面可以顾脚，真是完美至极。最后发现在使用过程中，头和脚都没有照顾到。它既没有打雨伞方便，下面还有个雨衣裹了一层，双手得不到解放，不能撑住雨伞。这种奇葩产品的结局一定是速生速死。我平时做咨询也经常告诫产品经理人一定不要靠凭空想象的需求来定义产品。

2. 过分关注华而不实的东西

很多产品经理、创意策划人员、设计师很喜欢追求华而不实的东西，看起来很炫、很酷，其实没有什么实际的价值，他们所追求的点最后都是画蛇添的足。我经常强调的一个观点：不要在非关键点上用力过猛，而是追求把核心点做到极致。过分追求不切合实际的酷和炫，不但会造成资源浪费，而且容易造成产品的失败。

我曾经有个做设计的朋友，要做一款有生命的牛肉。他的创意理念是：在包装袋下面做一个木桶，木桶里有草种子，顾客把牛肉吃完，然后往包装袋里倒点水，过几天就会长出有生命的花花草草。我帮他分析：第一点，顾客买的是牛肉，就要先把牛肉的品质做到极致，其他根本不是顾客关注的重点。第二点，包装工艺会遇到问题。下面的木桶与上面的 PET 包装袋怎么连接起来？以我多年的包装经验判断，两种不同的材料以现有的包装设备是很难结合的，即便勉强结合，成本也会很高。第三点，每个木桶都要放草种子，最后这个木桶的成本很可能会超过牛肉。总之，从顾客的角度，我不认为这是一个好的产品创意，最后果然被我言中了。追求创意没有错，但是一定不能脱离实际价值，否则你就要交学费。

曾经有个软件大师反思过去的产品教训，提出来一个类似的观点：不要过分追求看起来很好，但是没有实际价值的东西。他当时提出来做 3D 浏览器，认为 3D 浏览器立体感很强，但是他忽略了一个需求的本质问题：用户在用浏览器时最在乎的是什么？是超酷的立体感，还是打开网页速度更快，使用更方便？显然是后者，他意识到这个问题就果断暂停了3D浏览器的开发，直到现在3D浏览器的应用也没有取得重大突破。

3. 主观定义产品

根据个人偏好或认知自我定义产品，也是产品经理经常犯的错误。很多产品经理习惯基于自己过去的经验来给产品赋予概念，或以自我假设的方式做产品。所有产品的创意原点一定是用户需求，符合用户认知，而不是办公室里的闭门造车。任何产品在立项开发前都要做实践验证，不仅要验证理念上是否说得通，关键还要看行动上是否行得通。

我当年接收过一个产品新项目——松板肉。这个产品已经立项很久了，箭在弦上不得不发。研发部门给我看了一下样品，我发现一包样品里一共有79片肉，而且68片大小不一。我当时判断这个产品做定量包装会存在很大风险。经常吃日式料理的人都知道，松板肉其实就是猪颈肉，学名“黄金六两”。虽然品质很好，但是大多数消费者对松板肉的价值认知是模糊的，甚至有负面认知。我们在超市里做测试，果然很多顾客不知道什么是松板肉。导购员给顾客解释说：松板肉就是“黄金六两”，顾客依然云里雾里。后来他们问导购员，松板肉是哪个位置的肉。当他们听说松板肉就是猪颈肉时，放下手中的产品就匆匆离开，连给导购解释的机会都没有，因为顾客认为猪脖子上的肉不太好，淋巴比较多。

还有一个客户是做棉被的，他认为现在社会发展越来越快，生活条件越来越好，但是家庭幸福指数却在下降，夫妻分居比例在上升。他为了解决这个社会问题，就做了一个夫妻棉被，想通过这个创意棉被增进夫妻关系。女人一般怕冷，他就把女方的那一边做厚一点；男人体温高，就做薄一点。看起来很温馨，男人、女人都照顾到了，他觉得这么一款温馨的棉被一定会被疯抢。但是现实中顾客买被子最关注的可能是面料是否舒服，填充物是否环保等，他的创意点根本没人关注，完全是自己的一厢情愿。

不做自我定义的原因是每个人都会高估自己的认知。过去我在企业负责产品线管理，发现一个有趣的现象：企业开发新产品往往属于市场部的职责，把产品卖出去往往是销售部要承担的责任。一个新品在上市之前，市场部和销售部预估的销量偏差很大。产品是市场部负责开发出来的，相当于自己的孩子，市场部的人就会高估这个产品的潜力。销售部是负责上市后“养孩子”，他们总是对新产品百般挑剔，预估的销量相对比较保守。

心理学家也曾做过一个实验，找 10 个人共同做一件事，最后让大家评价自己对该项目的贡献度，项目满分 100 分。最后得出的结论是：10 个人分数加总，远远超过 150 分。大家都觉得自己的贡献很大，会严重高估自己的努力结果。

4. 盲目追求差异化

做产品经常会提到差异化策略，但是有的人是为差异化而差异化，而不是为了追求与众不同的顾客价值。消费者只关注产品对自己有什么好处，而非产品有什么特征。企业所贩卖的也是顾客价值而非产品特征。特征只是产品有不一样的地方，对顾客来讲，价值才是基本前提。所以特征无法让买家产生共鸣，最多是吸引关注，很难转化成销售成果，尤其是持续性的销售成果。顾客价值是产品给顾客带来的价值，所以利益点比差异点更容易打动客户。

这种错误在消费品领域不在少数，很多产品经理就要追求不一样，走个性化路线。一个产品能不能持续火爆，最终还是取决于产品价值，差异化只是入口。不了解你的人可能会因为差异化去尝试购买，但是能不能二次回头（复购率），还要看产品力是否过硬。可悲的是，很多人做出的差异点连让顾客尝试购买的心都没有。

过去我一个同事做一款巧克力肉脯，工艺就是把一片巧克力贴在肉脯上。他没有考虑到巧克力是糖果的品类，肉脯是肉的品类，两者都不属于同一个品类，消费者很难建立关联性联想。从视觉上，肉脯上面是一块黑黑的巧克力，没有任何美感。关键是巧克力和肉的复合口感很奇怪。无论是从视觉上还是从味觉上，这种差异化都难以让顾客产生强烈的购买欲望，最后一定是陷入销售死局。

我前几天逛超市，发现一家企业在做新品推广活动，新产品是辣茶。我问他们的推广人员：看到辣茶你会想到什么？刚好旁边有个围观的顾客说：感觉像喝辣椒水。顾客的这么一句话就让我看到了这个产品的终局。

5. 有市场空白，不代表有市场机会

有些企业家在走访市场时觉得发现了一个大商机，在某个领域没有人提供相关产品，其实有些市场空白也可能是产品坑，有些空白市场天然就不存在需求。

我建议你发现一个市场空白时，一定要进行反复论证。为什么不存在同类产品？对手真的没有看到这个空白市场吗？对手可能看得更深，发现它根本不是市场机会，市场上也不存在这种需求。客观世界存在即合理，市场空白在某种程度上一定也有它存在的道理，你要找到背后原因才能看透本质。

6. 在自己不擅长的领域做产品

每个企业都有自己的竞争优势，同时也存在一定的能力边界。优势都是相对的，做产品也是如此。对一个你不了解的市场，你根本不清楚坑在哪里。网上曾经流行一句话：不要拿自己的业余爱好去挑战别人的看家本事。无论任何行业，你用业余练就的技能去和专业人士抢饭碗，大概率会以失败收场。

韩国三星企业曾因为进入汽车领域给公司造成极大亏损。20 世纪末，三星已经是显示器领域的头部企业。老板李健熙个人非常喜欢汽车，他认为三星显示器能做好，就一定能把汽车造好，力排众议上马汽车项目。据说三星的汽车项目亏掉近 10 亿美元，最后李健熙不得不壮士断腕。他曾反思说：过去我犯过的最大错误就是造车。国内也有一些企业家有求大不求强的思想，很多人盲目追求多元化，最后把自己的主业务也拖到泥潭里。巨人集团的教训就广为人知，史玉柱先生自己也曾反思过过去经营企业的经验和教训。

中粮集团是一家央企，论财力、人力、行业地位，各方面都比民营企业更有竞争力，但是中粮集团涉足的产业，包括控股、参股的食品饮料企业，如蒙牛、中茶、悦活、香雪、福临门、山萃、万威客、长城、香谷坊、买酒网、金帝等，有几个品牌进入行业前三名了？有些行业看起来很简单，扎下去就会发现水很深，表面上看风平浪静，其实下面都是激流涌动。每一个领域要想取得成功都需要多年的积淀。现在很多医药企业在发展过程中遇到瓶颈，就开始转型做食品，也没有几个成功的。传统的房地产企业、矿产企业经过近几年的高速发展也进入了瓶颈期，也都在寻求转型，它们在转型过程中探索产品创新其实也很迷茫。一定要记得老祖宗留下的古训：隔行如隔山。做爆品也是如此。

7. 把时尚当趋势

很多产品经理喜欢追随时尚，当下流行什么就做什么。我不是反对时尚元素，我只是提醒大家：趋势比时尚更重要，时尚的东西往往不长久，只有抓住趋势才能长寿。拿服装行业来说，商务男装每年变化都不大，但是利润很稳定。我研究过很多行业，只要是以时尚元素为卖点的，很多产品速生速死，很难持续走红。我建议做产品一定要看对趋势，在趋势线上可以加上时尚元素，把时尚元素当作一个引爆点，达到“万绿丛中一点红”的效果。

8. 把顾客欲望当需求

做产品需求调研时往往会遇到一个问题：问到消费者是否愿意购买某个产品时，他会满口答应，而且表现出强烈的购买欲望，当你真让他付钱时，他又开始犹豫不决，最后放弃购买。所以要清楚一点：顾客想要不一定会真买。消费者心中的欲望和现实中的需求是不同的。欲望是人性，从消费心理学上来看，欲望是多元化的，是个无底洞。但是需求更为现实，需求是在一定诱因下产生的，而且还要有支付能力，比如，下雨了他才会买雨伞，饿了才会产生吃饭的需求。满足顾客需求是需要一定条件的，顾客也需要付出财务成本、时间成本。每个人都想开豪车、住别墅，不是每个人都能够实现的，所以需求会受购买力制约，需求=欲望+购买力。真实的世界里，消费者购买的是真正需要的东西，而非想要的东西。消费者大多欲望也只是想想而已，符合购买力条件才会产生真正的购买行为。所以很多时候做市场调研一定要搞清楚是欲望，还是发自内心的需求，不要被人性的欲望误导。

9. 最大的风险隐藏在你看不到的地方

常言道：明枪易躲，暗箭难防。做产品看得见的风险大家都会提高警惕，能够做到可防、可控。最怕的是看不见的风险，有些潜在风险是致命的，一旦发生可能会给公司造成巨大的损失，比如产品质量稳定性。过去我曾经供职的一家牛奶企业研发一个新产品，由于工艺不稳定导致结块，引发全国性大批退货，通过产品回收、物流运输、产品报废等一系列处理，劳民伤财不说，对品牌信誉也产生了很大的影响。

做爆品最低成本的成功方法就是先保证自己不犯错，坐等对手犯错。你哪怕少犯一次错误，都会比对手距离成功更近一步。接下来我再分享几条提升爆品开发成功率的方法，为爆品的成功再增加一条保险绳。

第五节 提升爆品成功率的九种方法

1. 做足需求论证是爆品成功的前提

爆品需求的挖掘是成功的第一步，所以前期一定要做充分的市场调研，反复论证用户痛点、产品概念、产品功能等各个核心要素，对关键细节要反复测试，直到符合用户需求。需求是开发产品的起点，如果起点就是错误的，后期所有的努力都是白费。

2. 寻求单点突破的创新机会

我们在做产品创新时，要把目光聚焦在高频稳定关键变量上，来挖掘单点突破的创新机会，非关键点上进行大胆借鉴。做产品创新不可能面面俱到，要把一个核心点打穿，做到极致，做到无人能够模仿，形成单点壁垒。用单点突破撬动整体产品，就是一种成功率非常高的方法。

3. 入口功能设计能够给顾客超爽的体验

入口功能往往是俘获用户心智的第一步，如果入口功能做不好，就等于把用户拒之门外。要深度挖掘用户情绪的触发点，能够快速点燃消费情绪，基于这个触发点来设计用户入口功能。苹果单一按键就是入口功能；汽车指纹开车门，一键启动就能给用户带来超爽的体验。如果一款高端轿车还用钥匙开门，用机械钥匙启动，用户就找不到超爽的感觉了。

4. 潜在风险的发掘能力

产品团队必须具备产品致命缺陷的洞察能力，预防风险。新品上市前要尽早找出产品缺陷，把问题扼杀在萌芽期，而不是带到市场上，降低新品上市风险。

5. 利用破坏试验法发掘产品潜在的质量问题

产品正式上市前必须做产品质量破坏性试验。在产品领域有一种测试产品质量的方法，被称为迅速失败测试法。具体操作就是模拟产品真实应用场景，测试产品质量能够承受的最大压力，在最大压力下让问题提前暴露出来。在可能存在的所有恶劣场景下，对易损点、高频应用点进行破坏性试验。

我原来辅导过一个商务旅行箱项目，过去经常有客户投诉说旅行箱的轮子不好，有时候在机场拉着走，轮子就会脱落；遇到行李装卸人员用力过猛，就会导致表面破损。后来我就建议他们在出厂前自己先做破坏性试验。每一批都抽检，让测试人员自己拉着行李箱模拟机场、高铁等各种差旅场景，看看轮子会不会脱落；模拟机场工作人员搬运行李箱的作业状态，从一楼往下丢，看看会不会破裂。通过破坏性试验，如果发现轮子真有脱落或表面破损，说明质量不过关，需要改进质量。经过几个月测试、优化，真正实现了行李箱质量的提升。

6. 定点试销是新产品的最后一根保险绳

风险控制的最后一根保险绳就是定点试销，通过这根保险绳把风险锁定在可控范围内。通过定点试销，让产品潜在风险在试销区域充分暴露出来，万一有问题可以做到风险可控，最多也就是影响一个区域市场，而且处理问题的半径也比较窄，效率更高。我原来负责新品，定点试销是必做环节，定点试销和试销调研相结合，跑完一个完整的销售周期，经过验证如果没有问题，再推向全国市场，就能大大降低产品的潜在风险。

7. 产品经理心态平衡

产品经理不能过于保守，不能丢失好奇心，要以开放的心态去接受新事物。有一点要注意：天马行空过后，需要冷静下来做深度思考，求证可行性。理想世界和现实世界还是有一定距离的，在过往的咨询案例中，我发现有些产品失败都是因为产品经理活在理想世界中。总是妄想靠自己的一个伟大创意去改变世界，忘记了自己的使命是帮用户化解问题。最后在产品落地时发现很多想法不接地气，缺乏严谨的求证过程，导致半途而废。

8. 高效的组织是爆品成功的保证

拥有独立组织和透明的管理机制能够提高团队的自主创新能力和决策效率。爆品组织目前比较盛行的是产品经理责任制和项目化管理。产品经理责任制能够提高人的责任心和能动性；项目化管理能够提高新品开发效率，尤其是产品经理在面对高层领导时，会由于不好意思对上层领导提出要求或催促领导，最终导致产品项目进度延迟。我过去的做法是把所有项目成员的权责利都写进项目章程里，并且有明确的时间节点。该高层领导做的事情，如果他没有按时执行，比如重要节点的决策，我至多提醒他一次，如果超过三天，我就有权力替代领导做出决策。我做出的决策万一出现偏差，这个责任需要领导来承担。时间节点到了，领导就会主动找我，而不是我天天跟在他后面催促，这就是靠管理机制驱动每个人都做好分内的事情，大大提高了项目效率。

9. 人人参与，集思广益

在互联网时代，信息碎片化，各种观点漫天飞，谁是谁非，难辨真假。解决这个问题最好的方式就是从公司员工，到上下游的合作伙伴、粉丝等人人参与，发表不同的看法，听听不同的声音。做到广泛征求意见，小范围决策。在收集信息时尽可能以开放的心态集思广益，哪怕是反对的声音也要接纳。很多产品经理做产品时先自我定义概念，然后到处收集支持自己的意见，不由自主地屏蔽反对意见。尤其向领导汇报产品方案时，往往“报喜不报忧”，畅想全国市场风光无限，最后产品上市昙花一现。

第六章

爆品营销

扫码购买本书配套课程

爆品打造一般分为两个阶段：第一个阶段是爆品孵化，就是从 0 到 1 的过程；第二个阶段就是通过营销手段，快速引爆它，实现从 1 到 N 的过程。我在本章就详细阐述如何通过营销引爆产品的实战方法。我把它概括为六个方面，简称 6P 策略：定位策略（Position）、产品组合策略（Product）、定价策略（Price）、渠道策略（Place）、推广策略（Promote）、组织策略（People）。

第一节 定位策略

定位就是定生死，所以定位先行。定位没有对与错，不同的定位确定不同的操作思路和打法。高端定位有高端定位的打法、中端定位有中端定位的做法、低端定位有低端定位的玩法。我根据过往的经验总结定位的三种类型。

1. 高端定位原则：聚焦高端市场，匹配高开高打策略

高端市场的消费群体往往注重品牌，高端产品的超额利润也是品牌溢价带来的。类似 LV 包、劳斯莱斯、宝马、奔驰等，高端人群的需求不单单是对产品功能的需求，更多是身份的象征，高端品牌一定要做出高端大气的品质感。

2. 中端定位原则：聚焦大众市场，匹配中开中打策略

中端定位往往切分的是大众市场，这个受众群体比较广泛，看重产品品质，同时兼顾品牌知名度。这个群体大多属于中产阶层，也有一定的购买力，他们更关注的是产品的性价比。比如，汽车行业大众轿车、福特汽车，这种车型中产阶层买得最多。

3. 低端定位原则：聚焦低端市场，匹配常规市场打法

针对低端市场，在操作上往往是以价格为杠杆去撬动市场，市场投入比较少。这部分人群主要考虑产品应用，属于价格敏感型的消费者。你可以没有品牌，但是价格一定要便宜。在低端市场往往采用低价策略，靠自然销售模式。

定位没有好与坏，定位成功的关键是找到适合自己的定位，同时匹配有效的市场策略。

第二节　产品组合策略

我在前面提到爆品不是单一产品，而是一个爆品矩阵，这就是产品组合策略。通过产品组合做到上面有高端产品承载品牌和高利润；下面有规模销量产品铺天盖地，来提升市场份额；中间的策略产品作为打击对手的核武器。通过组合策略形成产品线的系统竞争力，如图6-1所示。

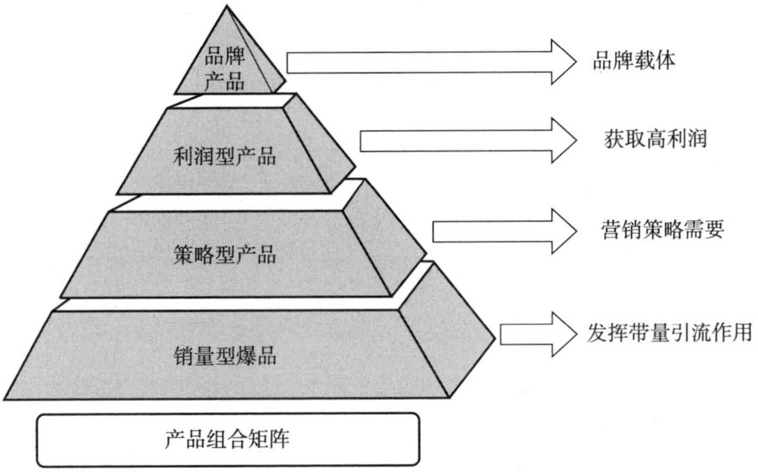

图6-1　产品组合策略

1. 品牌爆品

品牌爆品往往承载的是企业品牌。任何企业的资源都是有限的，而且投放广告最忌讳的就是到处撒网。最有效的方式就是找到一个能够承载公司品牌的产品，集中投放广告。等这款产品做火爆了，公司品牌也有了知名度，再用公司品牌背书开发新产品，这个新产品有了品牌的加持就更容易被顾客接受。品牌产品往往也是利润比较高的产品，能够支持广告投入。产品毛利越高，后期市场操作的空间就越大。

2. 流量爆品

通过销量产品快速提升市场占有率，销售规模增加，产品边际成本就会大大降低。以规模换市场，以市场换利润。流量爆品有一个显著特征：一定要快速做出销量，而且能够对其他产品起到带量引流的作用。

3. 策略爆品

策略产品往往是动态的，承载特定的战略使命，在一段时期后就会被淘汰掉。我认为策略产品包括以下几种类型：拓展渠道的策略产品、打击竞品的策略产品、短期获利的策略产品。

（1）拓展渠道的策略产品

这类产品往往是在特定区域或渠道销售，主要用来拓展新市场、新渠道，维护客户关系等。等市场成熟了，这个产品可能就被淘汰或进行调整。

（2）打击竞品的策略产品

这类产品主要是用来阻击对手进入自己的利基市场，巩固自己的地盘，维护市场领先地位。有时也用来抢占对手的市场份额。

（3）短期获利的策略产品

短期获利产品就是公司发现一个新机会，短期内能够通过一款新产品抓住这个机会快速变现。短期获利产品操作有几个关键点：产品开发前期投入低，启动快，边际成本低，内部的现有资源能够共享和高效协同。只有满足上述条件，才适合做短期获利产品，否则不要轻易尝试。

第三节 定价策略

很多企业提到价格策略马上就会想起打价格战，价格战已经是当下企业竞争的习惯打法。其实价格不是竞争屠刀，而是一种商业壁垒。价格壁垒就是让对手卖高了没销量，卖低了没利润，倒逼对手主动退出竞争舞台。这才是今天我们探讨价格策略的意义。我们探讨价格策略可以参考老干妈的做法，从中获得一点启发。

我有个朋友在辣酱领域精耕了很多年，突然跟我说要退出来，并给我讲了一个关于老干妈的故事，让我打心底佩服其创始人陶华碧女士。

有一天，分管人力资源的人向陶华碧反映：分拣辣椒的工人忙不过来，拣辣椒太累了，要求增加人手。她听了以后悠悠地回了一句："我知道了，哪天我去辣椒车间看看再说吧。"她抽时间自己跑到辣椒分拣车间对员工说："大家感到分拣辣椒太累了，吃不消是不是？今天我这个快70岁的老太太拣拣看，如果我能扛得住，就不要加人，如果我扛不住可以加人。"结果她坐车间里拣了一天辣椒，站起来离开了。从此以后再也没人敢提加人手的事了。老干妈就是讲究人均绩效最大化。人越多，管理半径越大，人均效率越低，管理成本越高。这就是经营逻辑。

未来产品定价获得超额利润有两条路可供参考：一条路是升级加价。就是升级产品质量，然后把价格提上来，获得高毛利。另一条路是管理增效。如果行业比较成熟，提价的空间不大，那就只能通过管理增效，降低成本和管理费用。这样即使是同样的价格，企业也可以获得超额利润。这里我重点强调一点，降低成本一定不是靠压缩下游供应商的价格，而是靠提高管理效率。

1. 超额利润来源

很多企业都在追求超额利润，那超额利润从哪里来？根据我多年的研究，企业获得利润的途径反映为一个公式：利润=综合价值-综合成本。其中综合价值包括使用价值溢价、差异化溢价、品牌溢价、稀缺性溢价。

（1）使用价值溢价

使用价值是产品本身的基本功能带来应收的回报，使用价值只能获得行业的平均利润。如果一个产品都不具备基本的使用价值，它就很难在市场中活下来，更谈不上成为爆品，所以使用价值是产品获得利润最基本的前提条件。

（2）差异化溢价

在保证产品使用价值的基本前提下，与对手相比，你有不一样的地方，你可以提高一点儿价格，这个差异可以带来差异化溢价。顾客在购买前会衡量产品的好与坏，总会与竞品比较，在比较过程中进行权衡。越同质化的产品越容易打价格战。

（3）品牌溢价

我们在购买产品时发现名牌产品总是比非品牌产品价格高一些，哪怕是一模一样的产品，甚至是产自同一个工厂的产品，不同品牌的售价都会差别很大。高出的这部分价格就是品牌溢价带来的超额利润。

（4）稀缺性溢价

产品具备难以模仿和替代的属性时，就具备了稀缺性特征。市场存在某种刚需，当需求远远大于供给时，根据价值规律，价格会偏离价值，甚至远远高于其内在价值。稀缺性是最具有溢价能力的产品属性。

水在超市里可能售价2元，在黄山的山顶上可能售价20元，放在沙漠里就可能变成了200元。水本身的物理属性没有发生太大变化，但是消费场景变了，它变得相对稀缺，价格就会上涨。稀缺性是企业获得超额利润最有效的方式之一，这种方式就是聚焦特定的刚性需求，让产品变得不可替代和模仿。

2. 定价方法

以上就是我讲的超额利润的来源，在实战中如何进行科学定价，不同的行业、不同的企业都有自己的方法。从营销学来看，产品的定价方法无非三种：成本加权定价法、市场导向定价法、竞争者导向定价法。其他形式都是基于这三种形式的延伸。

（1）成本加权定价法

这种方法是最基本的定价方法，也是最保守的定价方法，把各种成本、费用进行加总后，测试出产品总成本，然后在总成本的基础上加上行业平均利润，得出产品销售价格。这种方法的好处是应用比较简单，也比较安全。但是这种方法也有很多弊端，尤其是新产品上市的时候，没有销售规模，采用固定成本加权法就会把产品的成本摊高。销售额就这么点，固定成本、折旧费、管理费等各种费用都摊在上面，随着销售规模的增长，其实各种边际成本是递减的。所以成本加权法是一种比较保守的方法，而且动态的费用也无法精准测算出来。成本加权法有一个关键点：提前预估销量，用预估的销量作为成本的测算基础，而不是用实际生产规模，因为边际成本会随着销量的增长而下降。

（2）市场导向定价法

市场导向定价法就是根据市场能够接受的价格进行定价。现在各个行业产品都相对过剩，最终要消费者买单，消费者认为你值多少钱才是最重要的。这种操作方式需要提前采集市场价格，然后根据采集的价格来测试成本和利润，看看能不能实现这个价格。如果不能，就在内部进行优化、改进，改进后还是做不到就只能放弃。

（3）竞争者导向定价法

这种方式是最容易做到的，就是直接参考同类竞品定价，用跟随策略，贴近对手的价格，一般不会偏差太大。竞争者导向定价法操作的关键成功点：参考与自己条件最接近的竞争者。从产品类型、销售体量、管理水平等方面看，如果市场体量、管理水平不在一个量级上，这种参考意义不大。比如，行业标杆具有明显的规模优势、技术优势、效率优势，自己不具备这种优势，参考其定价模式无疑自寻死路。

在实际应用过程中往往采用组合策略，而不是单一策略，这样才能保证定价更为科学、合理。我的做法就是先以市场导向法来测定一个相对合理的价格区间，然后参考竞争者的价格论证这个价格区间是否合理，最后结合财务测试出来的各种产品成本来确定价格的最低边界。三种方式相结合，找到那个最优解。

第四节 渠道策略

1. 渠道本质

到底什么是渠道？在移动互联网时代，一切在线化，我把渠道定义为连接，能够连接顾客的一切触点统称为渠道。渠道即连接，一切连接皆渠道。卖场、社区便利店、智能手机、家庭影院、社群、朋友圈、亲朋好友都是渠道。渠道的逻辑是：生意的背后是人，未来人即渠道。每个人背后都有一个圈子，圈子的背后就是商业生态。所以要打破过去的渠道观念，重新定义渠道内涵。

2. 渠道的变与不变

随着互联网的发展，当下的渠道与十年前的渠道发生了本质的变化。我们来看看渠道的变与不变。

渠道不变的内容：渠道仍是消费者购买产品的场所和商家价值交付的场所。这个传统功能属性还是存在的，渠道发挥了价值交付的功能。

渠道变化的内容：随着移动互联网的发展，人们的生活方式、消费行为发生了改变，推动渠道升级、改造。

3. 渠道变化趋势

（1）渠道结构扁平化

渠道长度会影响渠道效率，未来谁离消费者越近，谁的效率就越高，渠道扁平化是未来的必然趋势。过去的渠道价值链结构：厂家—总经销商—分销商—零售—消费者。从厂家到用户，经过各个环节周期需要 10 天左右。互联网的渠道结构是 B2C 模式，厂家直接到用户，只需要 24 小时左右，端到端的服务效率提升了 10 倍。

（2）渠道 BC 一体化

过去渠道模式是 B 端和 C 端分离，B 端做 B 端的事，C 端干好 C 端的活，大家分工明确。随着竞争的加剧，各自为政的状态造成协同效率低下。未来必然 B 端、C 端走向联合，形成合力以应对外部竞争。这种合力就是以“用户”为中心，通过 C 端用户需求来拉动 B 端供应链升级。同时 B 端也需要通过自己的专业能力赋能 C 端。

（3）渠道形式数字化

随着互联网、自媒体、5G 商用普及，商业发展进入万物互联时代，渠道数字化将成为主流。我们复盘渠道发展历程，过去传统的实体店发展成传统电商模式，又发展到现在的直播电商，大数据对渠道的发展发挥了重要作用。所有的渠道行为和消费行为都会转化为大数据，这些庞大的数据通过算法又会赋能渠道，未来大数据将会成为企业最有价值的资产之一，依托大数据驱动的渠道模式是必然趋势。

（4）渠道链接立体化

人群分散化、消费场景多元化、信息碎片化，传统渠道的聚客能力越来越弱，黏性也越来越差。随着移动互联网的发展，消费者实时在线化、商家实时在线化、产品实时在线化等，一切实时在线化提供了全链路、全场景立体连接的机会，全链路连接推动了渠道立体化。

（5）渠道价值体验化

渠道过去是“交易场所”，发挥价值传递的作用，现在变成了人性化的“体验场景”。你从一些店头的微妙变化就能感受到，过去门店招牌都是某某专卖店，现在都改成了某某体验中心。这种思维转变背后的逻辑是对人性的尊重，更是对用户体验的重视。

4. 重新定义渠道价值

根据渠道的变化趋势需要重新定义渠道，不仅对渠道的属性要有新的认知（从交易场所到体验场景），对渠道功能要重新定义，对渠道模式也要重新定义。过去的渠道功能比较单一，就是交易场所，未来的渠道功能更多元化。从现在的趋势来看，未来的渠道会具有三种功能：体验功能、势能功能、利润功能。

（1）体验功能

主要以用户体验为主，兼顾销售，体验渠道只是作为销售的一个流量入口。如果用户体验好，即便没有在体验渠道购买，后期也会选择在线购买。现在很多企业都已经布局体验渠道：苹果体验店、小米体验店、京东体验店、顺丰体验店、苏宁体验店等。

（2）势能功能

能够快速提高销量，或快速提升品牌知名度，我把它称为势能功能。比如，通过在线渠道，“双 11”一天就可能把全年的销售任务完成，一个直播大 V 就可能实现销售的爆发式增长，这些渠道就是势能渠道。势能渠道不可忽视，因为势能渠道的爆发力非常强。

（3）利润功能

能够给企业带来高利润，有些可能通过一些特殊渠道，甚至隐性渠道实现。比如大客户渠道、酒吧、KTV、高速公路、团购渠道、特产店、度假村等。这些渠道可能会被商家忽视，其实这些渠道的利润率非常高。高速公路服务区就是五芳斋粽子的利润渠道之一；加油站就是乐虎、红牛的利润渠道之一；早期王老吉选择重庆火锅店作为利润渠道。有些小众渠道往往不被企业重视，主要是企业没有发现其潜力所在。

5. 四位一体立体渠道结构

立体渠道就是根据全链路链接设计的渠道模式，即 V+O+O+C 模式。包括线上云店、线下实体店、社群商圈，直播为指挥中心，如图6-2所示。

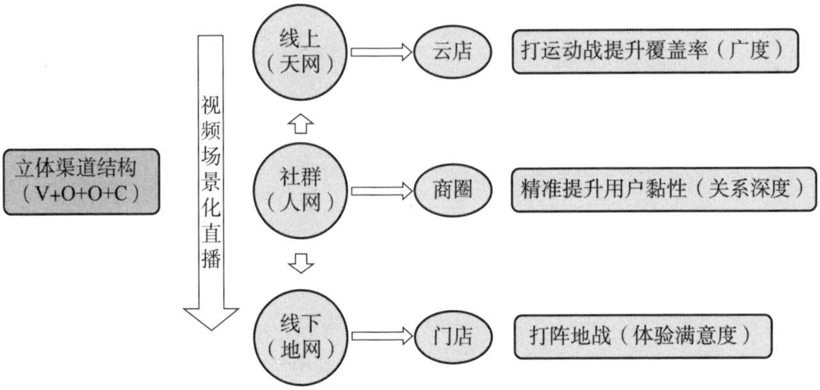

图6-2　立体渠道结构

V是指场景化直播

我这里提到的是场景化直播，而不是常规的直播，因为场景化更真实，更能建立用户信任感。例如卖苹果就直接在苹果园里做直播，顾客可以要求摘哪棵树上的哪个苹果，这样就更真实，能更好与用户互动。未来直播可能是流量的主要来源之一。

第一个O是指线下实体店

无论各种电商如何发展，也不可能完全取消实体店。实体店可以增强顾客体验，稳定性好，人都有跑了和尚跑不了庙的心态，通过实体店能够换来顾客的信任。实体店用来打阵地战。

第二个O是指线上的数字化云店

不管是传统电商、App、小程序商城，还是抖店、微店，商家未来一定要有在线云店，云店会成为未来每个商家的标配。云店最大的好处是获得用户数据。等线上沉淀了足够的用户和交易大数据，就可以为线下渠道赋能导流。云店的灵活性好，操作相对简单，所以线上云店更适合打运动战。

C 是指私域社群

这个群体也可以理解为私域商圈，每个人背后都有一个圈子，圈子其实做的是熟人生意，熟人生意背后有信任背书，所以圈子内的关系黏性会更强。过去的微商、直销等，其实都是建立在熟人的基础上的。但是熟人生意持久的核心是价值，如果不能以价值为前提，熟人生意也是无法持续的。过去很多微商都是一锤子买卖，就是产品不力导致的。

这个立体渠道最终形成天网（云店）、地网（实体店）、人网（社群），立体连接，全网覆盖。线下实体店是根，线上云店是面，社群是魂。立体渠道的落地模式为：线下做透一个店，线上覆盖一个面，社群做透一个圈，用直播打通线上、线下、社群。

不同的企业产品、资源、商业模式不同，在构建立体渠道方面不能盲目照搬，至少要有侧重点。渠道构建需要考虑以下影响要素：

产品特征、复杂程度、专业化程度。产品越复杂，需要的渠道层级越少；上游的控制力量越强，渠道层级越少；技术含量越高，渠道层级越少。如，高端设备制造商的控制力更强。

企业自身资源能力的强弱。组织能力越强，渠道层级越少。

行业竞争格局。竞争越激烈的行业，需要市场反应的速度越快，渠道层级就越少。

第五节 推广策略

1. 事件营销引爆产品

事件营销是引爆新产品经常用的打法。事件营销最大的好处就是事件本身自带热点，尤其是社会事件，传播触达率非常高。因为消费者对新产品不够了解，借助事件营销就能迅速达到传播的目的。但是同一个事件，为什么有的人营销就做得很好，有的人就没有引爆呢？这就是因为有些人不得要领，没有找到事件营销的关键点。接下来我结合自己的经验和真实案例来分析。

事件营销运作模式是借事、造势、做市。即找一个关注点高的正面热点事件，与自己建立相关性，策划运作方案，借力做市场。借事是集云，造势是下雨，做市是接水。具体操作要点如下：

（1）借事

一定要选择高关联性的第一或唯一性特征的事件，这里有两个关键点：第一点是与自己产品有高关联性，不能选择与自己企业或产品没有任何关联的事；第二点就是具有第一或唯一性特征，这样更容易引起别人的关注。当年蒙牛起家时，第一个大手笔就是赞助神舟五号上天，这是中国第一次将宇航员送上太空的壮举，全人类都在关注这件事。通过神舟五号事件营销，蒙牛一战成名。

（2）造势

借助热点事件策划各种推广活动造势。把事件引爆后，线下各种物料，比如软文、电视媒体、户外广告同时跟上，形成立体传播，影响力就非常大。

（3）做市

市场快速响应，广告+促销发挥联动效应，提高产品的销量。事件营销是一种整合营销的模式，各个环节需相互协同，缺一不可。有些企业没有意识到这个逻辑，线上广告资源投入很多，线下的活动没有配合起来，消费者找不到购买渠道，最后花了钱只能赚吆喝。做市很重要，一定不能出现前面的集云、下雨做得很好，最后发现没有盆子接水，等于白忙活一场。

事件营销的事件是成功的前提，事件的选择一般分为两种：一种是社会重大事件，这个事件影响力比较大，人人皆知。比如世界杯、奥运会等世界级的大事件。另一种是企业内部制造的事件。这个事件也能造成比较大的社会影响力，给社会带来正能量。国内有一个卖坚果的知名企业，在开业当天老板过去验收专卖店，发现专卖店竟然是豆腐渣工程，老板很气愤，现场直接抡起大锤把专卖店给砸了。这个举动一是体现出公司的反腐决心；二是对员工起到警示作用；三是传播一种正能量。砸掉豆腐渣项目，也是对消费者负责。然后公众媒体跟踪报道，给公司树立了一个好的公众形象。

根据过往的成功经验，事件营销选择"公益性事件"是比较容易成功的，比如河南洪水事件，一家即将破产的鞋厂给河南红十字会捐了5000万元，对外宣称捐完这笔钱打算申请破产，结果各大专卖店出现了甩卖潮，消费者都冲到门店抢购，硬生生地把它从破产的边沿拉回来，而且订单排到来不及交货。对社会有贡献的企业，就积累了好的口碑，大众会更忠诚于这个品牌，最后实现了双赢。

2. 娱乐营销引爆产品

年轻人成为消费主力后，娱乐元素便必不可少。年轻消费者不只是为好用买单，更看重好玩，娱乐营销会成为未来的主流模式。娱乐营销就是要把营销玩出花样来，让用户参与进来，通过不同的玩法来俘获用户的心。像过去的传统促销让利模式，类似加量不加价，靠低价、促销引爆产品的方法在“95 后”身上可能面临失效。尤其是互联网时代，刷二维码消费，他们根本感知不到钱的存在，娱乐营销更能吸引他们。娱乐营销大概有三种方式：

（1）娱乐赞助模式

随着文娱、自媒体行业的快速发展，近几年出现了很多火爆的综艺节目。某个音乐选秀节目就唱红了加多宝品牌，有些脱口秀等娱乐节目孵化了一些娱乐名人，同时也带火了一批新产品。

（2）植入式广告

植入式广告也是娱乐营销的一种新手段，像三只松鼠动画片、贝因美小龙容动画片、企业微电影等，未来也是一种新的媒介。

（3）网红达人

网红达人本身就具有泛娱乐性，其实也是一种渠道模式。不管是在抖音平台，还是其他短视频平台，网红达人都成为产品推广的一种新手段。有人带爆口红，还有人带火了螺蛳粉产业，有人通过直播还了近 4 亿元的负债。未来网红达人是不可忽视的一个群体。因为直播具有娱乐属性，购买相对比较集中，可能会短期内爆发。网红达人直播不同于传统电商和线下卖场，传统的模式是有需求才去购买，而且购买周期比较长，直播是即兴购买。

3. 私域生态爆品战略

在流量越来越贵的时代，精准流量越来越重要，随着各个行业红利的消失，产业生态也发生了逆转：从产业链模式走向产业生态模式。在此基础上，我提出了私域生态爆品战略。私域生态爆品战略的本质就是从花钱钓鱼转为养鱼模式，从一锤子买卖发展到持续输出价值。

私域生态爆品战略包括两个方面的内容：私域生态和爆品战略。私域生态爆品战略的基本逻辑是先构建私域流量池，基于私域生态孵化出好的产品，再用好产品和好内容喂养粉丝，繁育生态，最终形成良性内循环。

私域生态包括四个层面：用户生态、产品生态、渠道生态、供应链生态。如图 6-3 所示。现在的商业竞争单要素打不过系统，需要组织系统作战，未来的作战系统就是打生态战，谁的生态链强大就可以去吸纳、合并其他生态。

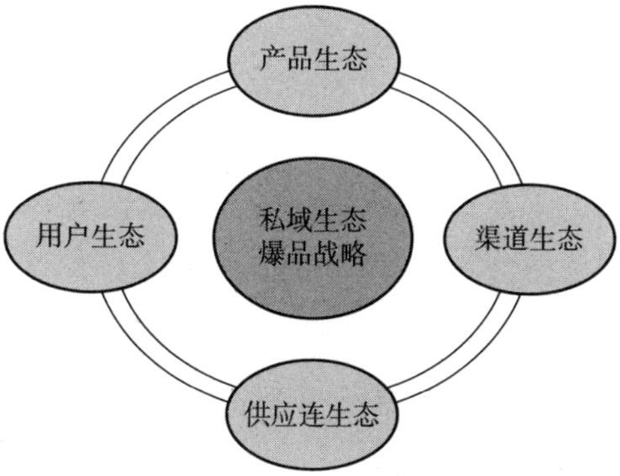

图 6-3 私域生态爆品战略

4. 公域流量私域化

公域流量是泛流量，私域流量才是自己的粉丝，泛流量的价值远远低于精准的私域流量的贡献率。据了解，淘宝、京东等传统电商平台获客成本已经到了 300 元/人左右（总广告费/付费客户数），营销旺季有些平台关键词搜索竞价排名点击率已经达到 350 元/人。超高的营销成本让企业难以承受。如何让公域流量私域化成为企业越来越关心的问题。接下来我来分享公域流量私域化的路径和方法。先来看一下公域流量私域化模型（见图 6-4）。

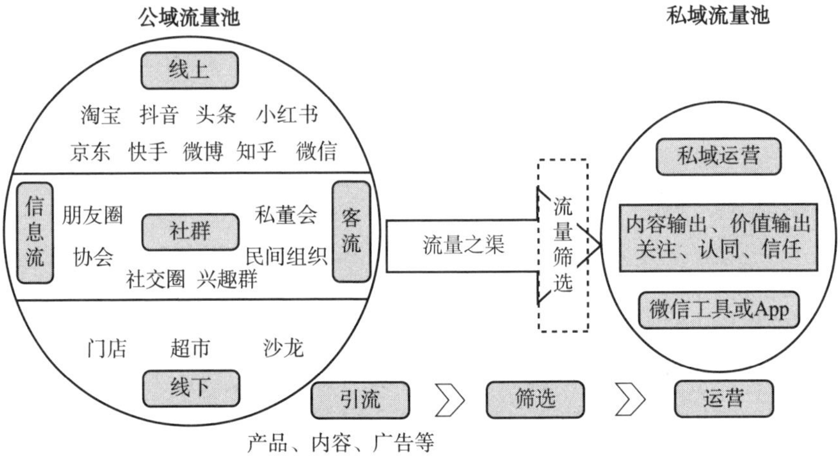

图 6-4　公域流量私域化模型

互联网有很多公域流量池：目前流量比较大的在线平台有字节跳动、微信、小红书、知乎、B 站等；线下渠道包括各种超市、专卖店、商场、娱乐场所等；社群圈如各种协会、商会、民间组织等。这些流量都是沉淀在特定平台上，不属于企业自己的流量资源，要把这些资源引到自己的小池塘里来，为自己所用，就需要方法和路径。接下来我说一下公域流量私域化的底层逻辑。

（1）建立私域流量池

私域流量池的建立有很多方法，比如常用的有微信、公众号、视频号、抖音号、App、小程序等。私域流量池工具没有好坏之分，只看是否适合自己，比如，小企业做微信群矩阵、微信好友管理等就能满足业务需求，但是也有潜在的风险，像遭到平台封号的风险等。企业自建 App 安全性高，但是投入比较大，后台管理、客户数据等都有很好的保密性。App 是自己的平台，能够有效避免封号风险，但 App 平台缺乏流量。所以选择一种适合自己的方式非常重要。

（2）公域流量私域化的底层逻辑是用心经营用户

公域流量特征：“听天由命。”公域流量相当于在别人的流量池里捞鱼，不可控。很多公域流量都是平台方的，需要投入大量成本。例如，淘宝要投直通车，抖音要投抖加。不投入这些成本，你获得的流量极少；你投广告讨好平台，会获得一点流量，但是这些流量能不能转化，还要“听天由命”。

私域流量特征：“我命由我不由天。”私域流量以情感为基础，别人挖不走，所以私域才能做到“我命由我不由天”。

（3）信任是私域的基础：交情在前，交易在后

有了交情未来自然就会有交易。交情是以信任为基础的。现在虚拟世界大于现实世界，但是虚拟世界必须解决信任问题。先做好接待，再做好招待，最后才能赢得用户的信赖。顾客一进来做好接待而不是着急卖货，后期做好招待，进行持续的价值输出来赢得客户信赖。

我有一次去手机店，一只脚刚踏进来，营业员马上问：“你需要买什么手机?”然后我就转身离开了，营业员太着急卖我东西了，让我有压力感。来到另一家店，一进门营业员先走过来倒杯水，这叫先做好“接待”工作，然后再问你：“请问我有什么可以帮你?”隐含的意思就是你需要买什么手机，但是她用词就比较含蓄，用“帮”而不是“买”。帮就是朋友关系，买就是交易关系。然后她开始有针对性地给你介绍，这叫招待。她的介绍说到了你的心里，满足了你的需求，你就会对她产生信赖。

（4）好产品+好内容

产品是“1”，内容是“1”后面的“0”，如果产品质量差，立不住，内容传播力越强，产品死得越快。所以要先做好产品，靠内容引爆。

（5）专注小而美

爆品战略定位就是选择一个高潜力的细分领域，专注自己擅长的一件小而美的事，通过长期精耕建立利基市场，沉淀资源，建立壁垒。

5. 私域流量变现模式

不管是公域流量，还是私域流量，最终的目的都是价值转化。私域流量转化有个闭环逻辑，我把它概括为私域流量变现模型。这个模型由六个环节构成，分别为客流、引流、养流、转流、回流、裂变，六个环节走完刚好形成一个交易闭环，如图 6-5 所示。

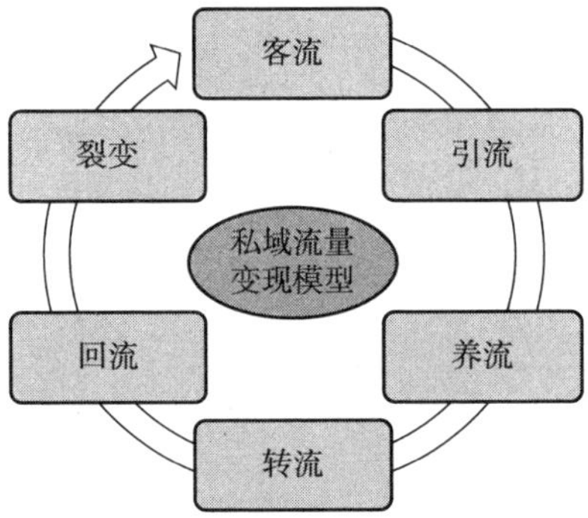

图 6-5 私域流量变现模型

（1）客流

客流通常指流量池。先有流量再有销量，生意跟着流量走。

支付宝当年的推广路径就是从线下往线上走，小饭店、夫妻店，一家一家跑，像传教士一样说服老板用支付宝收款。我记得有一次我路过菜市场，看支付宝的工作人员劝说用户使用支付宝付款，只需要 1 毛钱，就可以买一棵大白菜。这完全是个赔本的生意，但是他为了获得客流，只能咬牙坚持。结果花了 8 年时间，支付宝的注册用户才终于突破 1 亿人。

2014 年，微信支付功能上线，它选择了春晚这个流量池。央视的春节晚会基本是 13 亿人观看的节目，结果春晚一天，微信注册用户就突破 1 亿人。微信选对了流量池，一天的成果等于支付宝 8 年的努力，春节一战成名，可见流量池的重要性。

（2）引流

就是把公域流量导流到私域流量池。做引流必须有一个引流工具或连接器，根据不同的客户群体、渠道，引流连接器形式也是多样化的，总体可以分为四大类：产品类，也叫引流产品，如试用装、免费体验等；赠品类，如优惠券、小礼品、大礼包、增值服务等；现金类，如消费返现、会员折扣、红包等；内容类，知识技能分享、才艺展示、好看的视频等都属于内容类。

虽然产品引流工具多种多样，但是底层的本质不变。

◆ **找到高密度流量池和流量池出入口作为引流据点**

流量池的入口和出口的位置流量最大。比如，超市收银台附近就是商家争夺的重点位置，还有地铁和火车站的进口和出口等，都是客户必经之路，流量最大。

◆ **从客户不在乎的小钱和小事切入引流**

顾客尝试成本低，参与的积极性就会高很多，低客单价商品相对高客单价的商品也更容易转化。全中国每人拿出 1 元，就有 14 亿元的价值。

◆ **多渠道引流，多场景立体链接**

遇见一个人，交一个朋友；多一个朋友，沉淀一个客户，未来就可能会产生一次生意。所以需要建立多渠道的连接方式。

（3）养流

养流就是从狩猎模式到农耕模式，行业竞争进入存量竞争时代，打猎的成本越来越高，这就需要采用养流模式，把打来的猎物养起来，以产生更多的价值。养流就是不要着急赚小钱，慢慢养大了持续盈利。

据研究，300 个忠诚用户足以养活一个小公司；500 个客户可以养活一个中型公司。因为你把顾客服务好了，建立了信任关系，就可以围绕他的不同需求销售产品，然后再挖掘他的下一个需求，如此就可以循环下去。这就是说，要把一些高质量的客流养起来，通过不断地深化客户关系，持续延伸新价值。

养流的本质就是建立信任，有了信任基础才可能有变现的机会。

（4）转流

转流也可以理解为变现或流量转化，转流成功的前提条件是信任加实惠。转流设计的五大原则如下：

◆ **实惠原则**

所有交易都是建立在利益最大化的基础上，实惠越大，顾客越容易产生购买行为。实惠原则就是能够让顾客感受到，现在购买能够获得最大利益，通过实惠促进购买。实惠最终要转化成看得见的好处。比如：现在购买可以赠送礼品，现在购买可以获得双倍积分、价格折让等，实惠形成的方式可以多种多样。

◆ **稀缺原则**

越稀缺的东西越珍惜。促进成交时商家往往会制造机会难得的氛围。比如：超市里经常做限时购买促销，每天 9 点前购物八折优惠，用来聚集人气；限量促销，每天送出多少礼品，送完为止。给人的感觉是下手晚了，就没有机会了，刺激顾客快速行动。

◆ **权威原则**

在营销中，权威是说服顾客购买的一种非常有效的方式，因为权威能够增加顾客信任，建立信赖感。有些产品卖不出去，不是产品不好，而是没有获得顾客信任。品牌产品为什么容易销售？因为品牌隐含着一种权威，行业领导品牌就是该行业的风向标。互联网营销最近流行 KOL、KOC 种草模式，其实那个 KOL 或 KOC 就是某个群体的权威人物。他买了某种产品，发表评论，KOL 的粉丝就会信任他，跟着购买。

◆ **兴趣原则**

人往往会对自己感兴趣的东西更容易产生购买偏好，做产品也是要根据别人的兴趣投其所好。这里我特别强调一点，产品本身有什么价值不重要，顾客认为有什么价值才是重要的，也就是说，产品一定要符合顾客的兴趣取向。兴趣是顾客购买的入口，如果你没有激发顾客的兴趣，在产品购买转化的第一步就失败了。在设计产品转化时首先要考虑顾客的兴奋点。

◆ **承诺原则**

顾客购买一个产品往往会考虑两个方面：第一，产品本身的价值是否符合自己的需求；第二，万一产品价值不符合自己的要求怎么办，这个怎么办就是顾客的顾虑。打消顾虑的方式有两种：一是前面提到的权威性，其实权威性就是一个隐形的承诺；二是给顾客一个诚恳的承诺或保证，通过承诺给顾客一颗定心丸，来消除客户顾虑，没有了顾虑自然就更容易成交。

（5）回流

回流就是让顾客二次购买，至少产生一次复购。如何才能让顾客回头呢？我这里有几种方法供大家参考。

◆ **靠价值感吸引顾客**

顾客购买一个商品时，他购买的不是商品本身的价值，而是产品价值感或他自己认为的价值。顾客在购买产品时不是图便宜，而感觉自己占了便宜。

健身房传统的盈利模式就是让健身教练向顾客推广健身年卡，每个健身教练都是销售员，而且有销售任务，结果健身教练的主要精力不是放在教课上，而是放在如何把卡卖出去上。按照这种模式经营健身房，很少有顾客续卡。

杭州有一个健身房，其做法就很特别。首先，他们选择一流地段，二流位置。一流地段人流大，二流位置租金相对便宜。其次，他们不卖年卡，只卖月卡，月卡便宜，更容易推广。最后，他们不强制健身教练卖卡，而是要求教练一定把健身课上好，用专业服务好客户。

健身课达到预期的效果，顾客感受到了价值，他们就会续卡。三个月后，健身房盈亏平衡，第四个月就开始盈利，后期沉淀了很多会员。会员满意度高，就会推荐新会员。健身房就靠老会员介绍新会员和老会员的反复续费，解决了盈利问题，推广费用和拉新客户费用就大大降低了。

◆ **为下次消费埋锚**

一般餐饮店把这招发挥得淋漓尽致，单位附近有家饭店，每次去吃饭，结账时他都会送你一张代金券，而且这个代金券可以直接赠菜，而不是抵扣金额或打折，这样就会让顾客感觉这个菜已经是自己的了，下次还想来。再来就发现一个菜不够吃，还必须加个菜，只要你加个菜，哪怕是青菜，饭店就赚了。最后结账时又送一个菜，循环往复。

◆ **让顾客感动**

让顾客感动有两种方式：

第一种是设计一个惊艳的顾客感动点。这个点一般是放在结束时，顾客在结束的时候是最容易被感动的，也最容易留下好的印象。

我曾在一家豆浆店吃早点，喝完我发现豆浆碗底下有一行小字：为你磨尽一生。我顿时被惊艳了，觉得老板非常用心，虽然豆浆口感很一般，最后我还是又加了一碗。

第二种是超预期补偿。有时候顾客的投诉正是你感动顾客的机会，给他一点心理补偿，超出他的预期，他就有可能成为忠诚的客户，甚至成为不打不相识的朋友。

我曾经和几个朋友去海底捞吃饭，我朋友点了一份玉米饼，由于那天人特别多，我们等了很久，最后还上错菜。我那个朋友顿时有点小激动，服务员马上就表示了诚意，大概 15 分钟后又重新给我们上了一份玉米饼，上面用番茄酱写着“对不起”三个大字，还表示这个玉米饼免费。我朋友顿时为自己刚才激动的情绪感觉过意不去，第二天又拉着我吃了一顿海底捞，反向去补偿一下对方。

（6）裂变

裂变就是快速增加用户，我经常用到的方法就是老带新，让老顾客带新顾客过来。假如一个老顾客带三个新顾客，就形成了三倍的效应。

老带新有个关键点：老顾客带来新顾客，要对老顾客给予适当的奖励，激发他们的积极性。

我过去做农产品项目会跟顾客讲，你们一个人买就是原价，如果你们三个人以上过来买，可以享受会员价，会员价优惠多。有些老太太就会把左邻右舍喊过来一起购买。按现在的零售模式就是团购。最终顾客获得了实惠，商家获得更多的流量，实现双赢。

第六节 组织策略

1. 爆品打造是一把手工程

爆品开发公司董事长、总经理、营销总监必须亲自参与工作，最好一把手作为项目牵头人亲自主导爆品工作，同时还要给予产品经理极大的支持和授权。因为爆品的成功涉及公司内外部多个环节，任何一个环节出现矛盾都会影响爆品顺利推进，而且有些资源凭产品经理的权限和影响力无法调动起来，所以一把手参与进来能够快速调动资源，推进爆品进度。有几项重大事项总经理必须参与决策：

（1）品类选择

爆品品类选择往往是成功的第一步，品类是方向，一旦方向不对，会影响后面所有的工作。做品类选择时，总经理、营销总监必须亲自参与讨论决策。

（2）用户痛点

用户痛点的挖掘往往需要丰富的实战经验，痛点是爆品开发的起点，尤其是对一级痛点的抓取，必须有一把手参与论证，达成最大共识。

（3）产品卖点

产品卖点决定产品上市后的推广效率。能不能推广成功，这个卖点是否能够被市场接受，都需要严格的论证。有时候产品有很多优点，到底选择哪个优点当作核心卖点，这个是需要多轮讨论的。卖点一定在于精准，不在于多。在市场上你会发现很多产品的品质都不错，但是一直不温不火，究其核心原因是卖点没有找对，按照广告学原理，优点太多等于没有优点。

（4）竞争对象

确定竞争的对标对象，也就是找到你在市场上可以一对一竞争的对手，与拳击竞技场一样，你选择的竞争对象一定是同一个量级才有意义。比自己体量大的对手，你打不动；体量太小的对手，即便成功了，他们让出来的市场份额也很小，也没有意义。就像在森林里你踩死一只蚂蚁，你能获得多大的领地呢？确立竞争对象也是一项非常重要的工作。

（5）营销爆点

营销爆点决定产品能否快速引爆。互联网时代产品引爆的模式一定是短平快的模式，无法拿时间去换空间。一款新品快速火了，就能够在市场中站住脚。这与过去传统的打法不同，培育一个新品要熬上 10 年慢慢加码。互联网的打法就是找准引爆点，短时间内集中投入资源，快速把水烧开，而不是慢慢加柴。如果引爆点都没有找准，即使押上所有的资源也有可能失败。

2. 爆品定期复盘大会

我原来管理产品一般都会在半年内，至少一年内对产品线做个复盘。我做咨询时也建议我的客户每年都要做一次爆品复盘工作。通过复盘了解产品销售走向，比如哪些产品需要加码，哪些产品需要优化，哪些产品已经老化，哪些需要重新做产品升级，哪些产品需要淘汰，根据当下的市场需求，下一步需要开发哪些新的爆品等。然后形成书面产品作战计划，让每个人心里都非常清楚，真正做到指哪儿打哪儿，而不是盲打，最后成败听天由命。

3. 爆品供应链管理

爆品成功与否，供应链管理非常重要，其实爆品成功主要在于两个核心环节：前端市场需求；后端供应链管理。内部研产销购以及外部的产业链协同，最终做出来的爆品能不能满足市场需求，能不能做到快速响应市场需求，这个就是对产品供应链的最大考验。供应链管理需要很多重要部门协同完成，比如研发部门、制造部门、采购部门、物流部门、职能服务部门等。

研发部门能不能根据市场需求，在成本可控的范围内通过技术创新做出高性价比的产品，这是对研发部门提出的极大考验。当下很多企业的研发部门都缺乏极致思维，他们往往追求做成产品，而不是追求做最好的产品。做好与做成是有很大区别的，把产品做成就是产品有模有样即可，做好产品是要下苦功夫的。就像雷军所说的那样，要抱着逼疯自己、逼死对手的态度，带着使命感来完成这项任务，死磕到底。

制造部门能不能通过生产管理技术或精益制造的方法来提高生产管理效益，或者解决研发部门解决不了的难题，如何通过精益制造提升产品品质或在保证质量的前提下有效地降低成本，这些都是对生产制造提出的新命题。我接触过很多制造企业，它们的管理者还是传统思维，每天只是按照研发部交付的制造工艺流程安排生产订单、组织生产、交付产品，很少去关注这些工艺流程还有没有改进的空间。其实研发人员在实验室做出来的小规模产品与批量生产还是存在很大差异的，这就需要研发部门、生产部门高效协同，提高供应链协作效率。未来要求柔性生产管理也是对生产部门的新挑战，柔性生产能够更好地提升供应链的竞争力，配合爆品交付。

还有采购部门、财务部门、人力资源等各职能部门的高效协同。看起来爆品好像是研发部门和销售部门的事，与财务部门、人力资源部门等职能部门关系不大，其实这个认知是有偏差的。尤其是在从 0 到 1 阶段，人力资源要配合找到合适的人才，采购部门和财务部门也要相互配合，为爆品项目提供支持。

我曾经历过一次奇葩的爆品项目，企业开发一款新产品，计划借助春节销售旺季上市，临近春节的时候发现仓库还没有备货，销售人员像热锅上的蚂蚁急得团团转，因为产品生产出来，铺货还需要时间。我就陪同销售部负责人找生产部门负责人询问情况：订单下来那么久为什么不安排生产？生产部门负责人说原材料有两种，采购部没有采购回来。我们又跑到采购部，采购部说财务没有付款，供应商不发货。我们又跑去问财务，财务说：销售回款没有回来，财务没有现金支付采购款。最后问题又踢回销售部门。因为时间不等人，原本可以在 10 个渠道销售，最后只选择了 3 个渠道。看起来好像只耽搁了十几天时间，但是准备已久的爆品计划就这样成了泡影。

我还遇到过一个案例，企业自己生产成本很高，关键还没利润。最后销售部无奈，就在外面找厂家贴牌生产，发现成本可以下降 20%，而且工厂还有利润。一模一样的产品，利润相差 20%，这两个产品在市场上交锋时，原来的企业怎么可能有胜出的机会。

所以我一直反复强调供应链管理对爆品成功的重要性，一定是全公司上下一条心，才能形成高效的协同，有了协同才能提高爆品的竞争力。

4. 启动组织内部竞争机制和批判机制

（1）内部竞争机制

启动内部竞争机制，表面上看是一种资源浪费，其实能够提高爆品的成功率。内部竞争机制可以倒逼团队更加卖力。设计公司往往通过内部比稿来实现团队竞争。微信诞生也是内部竞争机制带来的结果。其实这就是一种鲇鱼效应，倒逼团队主动努力。

（2）内部批判机制

内部批判机制能够帮助企业规避产品风险。通过内部批判机制，先让内部人相互挑毛病，把产品缺陷提前暴露出来，改进、优化产品，后期就会省去很多麻烦。大家可以借鉴一下小米的模式，小米内部有一个机制叫“毒舌会”，产品做出来先召集内部员工体验产品，然后员工以消费者的身份吐槽产品，找出产品的各种问题，后期进行点对点的优化、改进。毒舌会实操中有几个关键点：

1）一定是对产品提问题、挑毛病。对事不对人，千万不能借机对人发泄情绪。

2）产品负责人要有包容心，虚心接受批评，不能因为别人说自己做的产品不好就不高兴，要认识到别人提意见是在帮助自己改进，而不是找碴儿。我曾亲眼见过品控人员给研发人员提意见，双方争论很激烈，这场争论最后给研发人员心中留下了阴影。

3）吐槽后也要给些改进意见，如果意见被采纳，要对提建议的人进行奖励，小小的奖励就能鼓励大家积极参与毒舌会。

5. 大数据赋能爆品

未来大数据对爆品的赋能作用不可估量，过去我们打造爆品都是基于经验判断，在产品稀缺年代判断错了影响也不大，只是利润多少而已。现在产品同质化严重，各个行业竞争都很激烈，而且“90后”成为消费主力，他们的专业水准在提升，对产品整体品质也有了更高的要求。在这样的商业环境下，产品负责人必须以更专业的水准做产品，追求极致。互联网的发展给产品创新提供了工具，通过数据赋能我们能更快速、更精准地做出决策。现在做产品无论是找对标竞品数据还是行业数据都轻而易举，而且利用数据能够促进产品快速迭代升级。

我们现在的做法是：推出一款新爆品，先在电商平台上销售，然后跟踪电商销售数据和用户评价数据，根据这些数据来评估新品后期的爆发力，通过客户反馈意见找到产品的缺陷，进行二次优化。快速优化完再做测试，根据反馈信息再做判断，然后再往线下渠道投放。有了在线的销售数据作为判断依据，线下销售就会更有信心。线上与线下相比，线下的风险会更大，因为线下销售半径、时间周期都会远远大于线上，一旦出现产品问题，处理起来容易滞后，会给公司造成更大的损失。现在，大数据赋能就解决了这个问题，大数据带来的优势是无法比拟的。

6. 团队软素质才是核心能力

过去企业经常强调能力，能力到底是什么？我的理解是一种看得见的技能。根据冰山模型，其实看不见的软素质往往比看得见的能力更重要。因为软素质不容易被看到，所以不容易学习和模仿。做出彩的爆品需要具备哪些软素质？我归纳为深度洞察力、系统思考力、结构化表达力、资源整合力、持续的学习力五大软素质，缺一不可。

（1）深度洞察力

深度洞察力就是一眼看到底的能力．一个人看问题的深度决定你解决问题的速度，洞察力一般分为三个层次：第一层叫看到，即看到呈现的现象或表象；第二层叫看懂，即明白现象背后的内在逻辑；第三层叫看透，能够看清楚隐藏在逻辑背后的本质，才是真正的高手。

（2）系统思考力

系统思考力的本质是你的所见所闻引发的思考、启发。做产品的人大脑里要有个逻辑树，这个逻辑树就体现了点、线、面的关系。我们把看到的一切事物当作思考问题的一个起点或入口，而不是问题的终点，应该基于这个入口去层层递进地思考、探求本质。

系统思维同样是有层级的，有高度、有维度、有深度、有逻辑度。

有高度就是指要有顶层设计的思维，站得高看得更远。有维度是指有横向思维，从不同的维度来分析问题，看看有没有共性或得出不同的结论，多维度求证问题。有深度就是指不能停留在问题表面，凡事往深处想一想。有逻辑度就是指每个问题或关键要素之间都是有相关性的，要分析每个要素之间是如何相互影响的，找到内在的逻辑关系，最终确定那个最底层的驱动要素作为解决问题的第一入手点。比如我们看到用户购物，购物行为是一种现象，我们通过思考推理挖掘到他的需求点，再思考这些需求是由什么因素引起的，就回归到用户痛点上来。然后基于痛点再去分析：痛点是怎么来的？痛点产生的场景在哪里？层层递进，最终找到问题产生的起点，看到本质，然后去设计产品就更容易成功。

我把产品经理的思考方式定义为九层思考力模型（见图 6–6）。

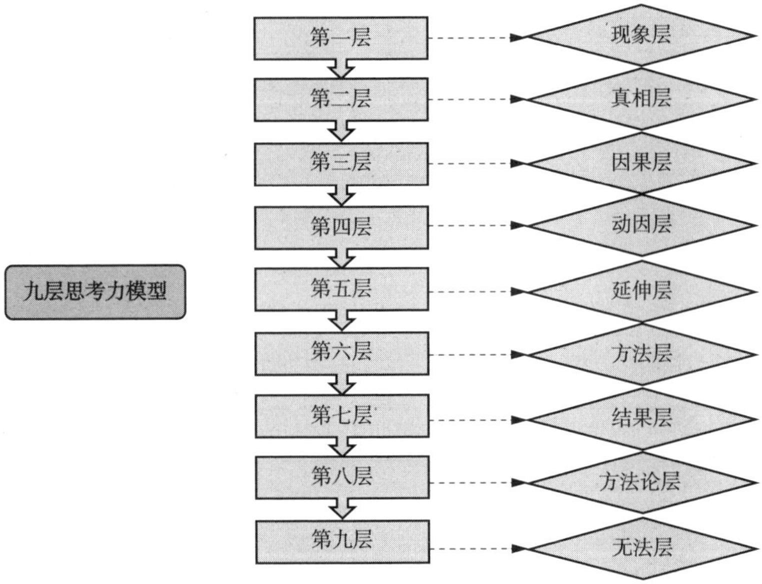

图 6–6 九层思考力模型

九层思考力模型是我在产品创新领域经常用到的一种思维方式，这种方法可以帮助产品管理者找到问题的本质。

现象层：现象层就是你用眼睛所看到的事物最直观的表现形式，加大小、多少、颜色、形态等，能够直接感知到的事物统称现象。现象层是最容易感知到的要素，但是也是最不稳定的要素。所以我们在做市场调研时一定不能停留在现象层面。

真相层：通过现象回到事实层面了解真相，拷问自己你所看到的是不是事实真相。如果不是事实真相，就需要再深挖；如果是事实真相，需要进一步去分析。

因果层：真相是果，到底是什么原因产生的这个结果，需要进一步探究。因果层就是挖掘真相背后的原因。

动因层：动因层是找到原因背后的驱动要素，也可以理解为问题背后的问题，我把它称为动因。

延伸层：延伸层是探究这个结果对未来可能会造成什么影响。问题本身不重要，重要的是它可能产生的影响；事情自身的价值不重要，它对外界的影响力才是需要重视的因素。

方法层：基于对外部的影响力，我们得出方法或解决方案，这个层面叫方法层。

结果层：这个方法落地可能会产生的结果是好还是坏，对结果的预判就是结果层。

方法论层：方法与方法论的区别在于：方法更具体，但是局限性更大；方法论更具有普适性，通用性更强。方法论是以方法所产生的结果为判断依据，如果结果是好的，就把这种方法进行提炼，总结规律，供他人学习或借鉴。

无法层：无法层是一个技艺所达到的最高境界，就是迷踪拳讲究的法无定法。法无定法并不是没有方法，而是掌握了各种方法，而且能够融合在一起灵活运用。看似无法，其实方法已经渗透到骨髓，灵活运用到最高境界。

这种思考力结构不是每个人都能达到，作为产品管理者来说至少你要达到第六层的方法层，掌握一套做产品的方法，并能够灵活运用。

（3）结构化表达力

对于产品人来说，逻辑理得清，事情说得明，非常重要。我原来接触过很多产品经理，平时想法很好，产品做得也不错，但是一到新品发布会就浑身颤抖，拿着稿子都念不流利。做产品的人可能需要与企业内部各个部门、外部相关的多方力量沟通协调资源，如果沟通表达能力有障碍，就是不容忽视的短板。有些人逻辑思维很严谨，就是在关键点上，结构化表达能力跟不上。

（4）资源整合力

资源整合力包括企业内部资源的协调能力和外部资源的整合能力。现在每个领域都出现不同程度的资源过剩，你想要的资源基本都能通过整合的方式快速获得，而且可能成本更低、效率更高。尤其互联网时代让信息更加透明化，产品人整合资源的能力就不可或缺。

（5）持续的学习力

在互联网快速变化的时代，学习力才是核心竞争力。当下商业环境变化很快，只有靠不断学习充电，才能保持与时俱进。我曾看过一个报道：互联网专业的大学生，到了大三就发现大一学的知识已经淘汰一半了。学习力是持续进步的保证。学习力未来会成为产品人非常重要的竞争力。

以上就是我们做爆品的组织策略，解决的是人的问题。人是爆品成功的重要保障，一切成功最终都要落在产品人的身上。

附录一　爆品开发立项报告

申请部门		产品名称	
产品规格		包装形式	
市场调研分析结论	行业调研分析结论：		
	消费者需求调研结论：		
	竞品调研结论：		
	企业自身分析结论：		
	市场调研的综合结论：		
市场定位			
品类定位			
产品定位			
渠道定位			
价格定位	定价体系：		
	产品利润率和渠道利润率测算：		
产品价值与卖点定位			
产品创新点			
产品属性标准	产品属性标准包括产品形态、规格、材料、国家标准等		
预计上市时间			
新品销售预估			
审核/审批意见			

附录二　爆品开发管理项目书（模板）

一、项目名称与项目组织

1	项目名称			
2	制作人		制作日期	
3	项目经理			
4	项目主要成员	项目策划组	组长：	组员：
		市场调研组	组长：	组员：
		包装设计组	组长：	组员：
		技术研发组	组长：	
		生产组	组长：	
		物流运管组	组长：	
		品质控制组	组长：	
		成本核算组	组长：	组员：
		采购组	组长：	
		新品销售组	组长：	组员：
5	成员工作职责	项目经理		
		策划组长		
		调研组长		
		设计组长		
		研发组长		
		生产组长		
		物流组长		
		品控组长		
		成本组长		
		采购组长		
		销售组长		

续表

6	跟踪考核人	
7	实施地点	
8	实施单位	
9	签发人	
二、产品开发目的		
实施目的：		
三、里程碑事项进度控制表		
关键事项进度表：		
四、市场环境分析（SWOT 分析）		
1	行业分析	
2	竞品分析	
3	自身分析	
4	消费者分析	
5	分析结论	
五、产品策略制定		
1	新品开发策略	
2	新品创意思路	
3	品类定位	
4	市场定位	
5	品牌定位	
6	产品定位	
7	利益点定位	
8	卖点创新	
9	定价策略	
10	渠道策略	
11	推广策略	
六、产品基本属性标准		
1	产品名称	
2	产品形态标准	
3	产品规格	
4	内外包装形式	
5	储藏与运输条件	

续表

七、产品基本技术标准		
1	产品标准依据	
2	产品行业标准	
3	设备设施筹备	
4	原辅料要求	
5	技术与工艺流程	
八、新品开发费用预算		
1	市场调研费	
2	新设备采购费	
3	检测费	
4	人员奖励费	
5	其他费用	
6	预算费用合计	
7	投入产出比	
8	预算说明	

九、新品开发上市关键里程碑

序号	阶段名称	关键工作事项	执行标准与交付成果	完成日期	责任人	批准人
1	准备阶段	市场调研分析				
		产品策略制定				
		产品基本信息和技术参数提供				
		设备采购				
		产品小样试制				
		上市前综合评审				
		产品上市策略制定				
2	产品优化	销售跟进与优化				

续表

十、项目开发主要风险预估及保障措施		
十一、项目合同及资金审批权限及流程		
1	项目合同/费用审批权限与流程	
2	项目考核与审批权限与流程	
十二、立项书会签单		
项目经理申请		
项目组成员会签		总裁办： 营销部： 研发部： 生产部： 采购部： 其他协同部门：
领导审批/签发		

附录三　爆品上市策略（模板）

一、新品上市背景：

二、产品基本描述：

三、产品策略：

1. 产品开发策略及产品理念：
2. 产品（属性）定位：
3. 产品核心价值定位：
4. 产品概念与 USP 卖点：
5. 产品组合策略定位：

四、市场策略：

1. 消费群定位：
2. 需求定位：
3. 消费模式定位：
4. 消费场景定位：

五、价格策略：

1. 定价策略：
2. 价格体系：

六、区域市场：

1. 试销市场：
2. 战略市场：
3. 利基市场：

七、渠道策略：

1. 核心渠道：
2. 势能渠道：
3. 利润渠道：
4. 策略性渠道：

八、推广策略：

1. 渠道推广：

2. 用户主题推广：

九、传播策略：

1. 传播主题：

2. 传播渠道（线上和线下）：

3. 传播范式：

十、营销目标：

十一、费用预算与费用归属：

1. 渠道费用：

2. 消费者活动费用：

3. 广告费用：

十二、产品上市日历：

后记

afterword

爆品法则是我十多年的产品管理实践和管理咨询实践的结晶。能够完成本书的写作首先应该感谢我的妻子罗红勤，在我从事写作过程中，她默默承担了一切家庭责任。如果没有妻子的理解和支持，也许我无法如期完成本书的写作。写作期间还应该感谢我的姐姐尹永连对我的支持和帮助。

这本书中引用了大量案例，这些案例大多数源自我曾经工作的地方和从事管理咨询过程中的案例积累，感谢领导们能够给我提供一个工作平台。职业经理生涯让我积累了丰富的产品管理经验，这些经验和案例为我顺利完成本书的写作提供了丰富的素材。

最后感谢北京盛世卓杰王景先生以及中国经济出版社编辑在本书写作和出版过程中给予的帮助和支持。

尹　杰

2021 年 10 月 8 日